装丁：山口真理子

〔凡例〕

- 　この本で、特に断りなく「法○○条」というときは、地方自治法のことを指します。
- 　「百選○○事件」というのは小幡純子・斎藤誠・飯島淳子（編）『地方自治判例百選［第 5 版］』有斐閣（2023）のことです。「行政百選Ⅰ○○事件」「行政百選Ⅱ○○事件」というのは、斎藤誠・山本隆司（編）『行政判例百選Ⅰ［第 8 版]』『行政判例百選Ⅱ［第 8 版］』有斐閣（2022）のことです。○はいずれも、項目番号を示します。
- 　現代的課題○○頁というのは、板垣勝彦『地方自治法の現代的課題』第一法規（2019）の該当箇所のことです。参考文献についても、『地方自治法の現代的課題』を参照してください。
- 　15章構成にしてあるのは、大学での 2 単位・15コマの授業回数に合わせたためです。ただ、Chap. 7 と Chap. 8 は「行政法」の内容と、Chap. 9 は「地方財政論」の内容と、Chap. 15 は「公務員法」の内容と大きく重なり合うので、大学の授業で用いる際には、カリキュラムとの関連で適宜、取捨選択してください。なお、1 つの章を 2 回に分けて用いれば、4 単位・30コマの授業で用いることも可能です。

〔法令略語表〕

- 　行政機関の保有する情報の公開に関する法律　→　行政機関情報公開法
- 　行政手続における特定の個人を識別するための番号の利用等に関する法律
  →　番号法
- 　個人情報の保護に関する法律
  →　個人情報保護法
- 　地方教育行政の組織及び運営に関する法律　→　地方教育行政法
- 　廃棄物の処理及び清掃に関する法律　→　廃棄物処理法
- 　法人に対する政府の財政援助の制限に関する法律　→　財政援助制限法
- 　補助金等に係る予算の執行の適正化に関する法律　→　補助金適正化法

Chap. 1

地方自治とはなにか

1 「自治」の意味

　最初に、「**自治**」の意味を考えてもらいましょう。「自治」とは、「自分たちのことは自分たちで決める」ことです。ですから、地方自治とは、国からは独立した地方公共団体（自治体）が、自分たちの地域に関することは可能な限り自分たちで決めていくという理念のことです。

2 地方自治が必要な理由

(1) 国 と 地 方

　次に、なぜ国ではなく、地方が決める必要があるのか、考えてください。ここでよく耳にするのが、「国＝悪、地方＝善」と決めつける議論です。つまり、「国の政治家と霞が関官僚が結託してその利権のために地方を食い物にしているから、地方は正義を守るために自立しなければいけない」というような、いわば陰謀論の一種です。

　しかし、この議論は単純にすぎると思います。**国**というのは日本国民の集合体です。政治家（ここでは国会議員）とは日本国民すべての代表であり、霞が関官僚はその手足となって働いているにすぎません。国民の代表として選挙で選ばれた国会議員が行っている国の政治を、単純に「悪」と決めつけられる根拠はどこにあるのでしょうか。

　自治体は、地域の住民の集合体であり、そこにも選挙で選ばれた政治家（長や議員）がいます。自治体職員が働いています。地方にも利権はあり、この構図は、国とほとんど変わりません。そうだとすれば、「国が悪い」という論理は、地方にも同様にあてはまるはずです。地方の政治家と自治体職員が悪いこ

とを企てれば、地方でも、住民を食い物にする政治は可能です。それなのになぜ、地方の判断が国よりも正しいといい切れるのでしょうか。

　誰か共通の敵をつくりあげて結束を求める陰謀論は、単純で理解しやすいので、たちまち人の心に浸透します。しかし、地球上から争いが絶えない最大の理由を考えてみましょう。「自分たちの暮らしが苦しいのはキリスト教の西洋文明のせいだ」とか、逆に「イスラム教徒が移民としてやってくることで、自分たちのしごとが奪われている」といったような単純なレッテル貼りによって、誰かを憎まなければやっていけないという心理が生まれるからです。このことは、常に心に留めなければいけません。

　もちろん、世の中にはいろんな人がいます。「国の省庁に問い合わせたら、高圧的な対応をされた」とか、「国の役人は現場のことを全然理解していない」といった不満は、今後、出てくると思います。私も、出向のようなかたちで国の省庁に１年間勤務したことがあって、いろいろと嫌な経験もしました。しかし、その何十倍も、貴重な経験をさせていただきました。世の中は、そう単純ではありません。「何もかもあいつら（＝国）が悪い」と決めつけたところで、生産的ではありません。いろいろな人がいることは前提とした上で、それでもなお、国と地方をよくするためにどうしたらよいか、協力を模索していかなければ、何にもならないと思います。民間の人からすれば、みなさんのような自治体職員も、霞が関官僚も、同じ「公務員」として一緒にくくられるのです。「公務員ばかり、安定して給料をもらって、おかしいじゃないか」という民間の人の声は、いつも気にしていかなければなりません。

　日本経済の停滞と人口減少・少子高齢社会の到来で、国にとっても地方にとっても、税収が伸び悩む反面、社会保障費などの支出が増加し続けていることは、対策を練らなければならない課題です。国からの補助金が削減されたりして、地方には不満がたまっていることでしょう。しかし、国の側にも「無い袖は振れない」事情があることは、理解しなければなりません。国と地方は、ともに日本国民（そして地域住民）の暮らしをよくしていくために、対立するのではなく、互いに協力していかなければならないのです。

⑵　**自己決定・自己実現の要請**

　さて、単純な図式が成り立たないとしたら、**地方自治**がなぜ必要なのか、改めて考えなければいけません。まず考えられるのは、「**自分たちのことは自分たちで決める**」という発想自体が、自由主義と民主主義を基本理念にもつ日本国憲法の下で尊重されなければいけない原理だということでしょう。

　江戸時代以前の前近代では、自分がどこに住むか、どの職業に就くか、どの宗教を信じるかが、ほとんど生まれながらに決められていました。しかし、現代の日本に生きる私たちには、公共の福祉に反しない限り、居住・移転・職業選択の自由（憲法22条1項）があり、信教の自由（憲法20条1項）が保障されています。これは、当たり前のことではありません。このように、「自分の生き方を自分で決める」ことが認められるようになったのは、わが国の長い歴史の中でも、つい最近のことなのです。私が江戸時代に生まれていたなら、農家の三男として、陸奥国信夫郡鎌田村で一生田畑を耕して暮らしていく以外になかったでしょう。運よく他家の養子になるか、分家が認められない限り、結婚だってできません。

　これに対して、現代の日本に生まれた私たちは、社会のルールを守りさえすれば、自由にどこにでも住むことができるし、努力すればどんな職業に就くこともできます。「自分の生き方を自分で決める」ことができるのです。これが、**自己決定**（自己統治とも）の要請です。そして、自分の得意分野を生かして、思う存分活躍することができます。これが、**自己実現**の要請です。

　もうおわかりでしょう。個人のレベルで「自分の生き方を自分で決める」という自己決定・自己実現の発想と、少し広がった集団のレベルで「自分たちのことは自分たちで決める」という発想は、密接に関係します。「社会のルールを守りさえすれば」、どこにでも住むことができるといっても、自分自身が守るべき社会のルールを決めることに関わることができないなら、本当の意味で「自分の生き方を自分で決め」ていることにはならないからです。

　ただし、この考え方には1つ難点があります。私たちは、自治体の住民であるのと同時に日本国民でもあるので、自治体の意思決定だけではなく、国とし

ての意思決定も、やはり「自分たちのことは自分たちで決めている」ことには変わりがないことです。国の意思決定（たとえば法律の制定）が自分の全く関係ないところで行われているならば、地方の意思決定こそが「自分たちのことを自分たちで決めた成果」として尊重されるべきでしょう。しかし、国の意思決定も、「自分たちのことを自分たちで決めた成果」ですので、その意味での価値は同じはずではないかとも考えられます。

　これは、次のように考えるとよいでしょう。つまり、自分たちが属する小さな集団の中で物事を決めるときの方が、大きな集団の中で物事を決めるときよりも、より小回りが利いて、自分の意見も反映させやすい。ですから、自己決定・自己実現の達成に役立つ、ということです。1億2千万人の中の1人よりも、1万人の中の1人、1千人の中の1人の方が存在感は高いということは、おわかりいただけるでしょう。やや抽象的な説明でピンとこないかもしれませんが、基本的人権としての自己決定・自己実現の要請は、地方自治が求められることの有力な根拠といえます。

⑶　権力分立の要請

　続いては、みなさんも中学校で習った、権力分立の要請です。権力が集中すると濫用されるおそれが高まるから、国の権力は、**立法権**（国会）、**司法権**（裁判所）、**行政権**（内閣）の3つに分けて、相互に抑制・均衡（チェック＆バランス）を働かせなければならないという考え方を、**権力分立**とよびます。権力分立の考え方は、国と地方の関係にもあてはまります。つまり、国だけに権力を集中させると、国民1人1人の言い分が十分に国政に反映されないおそれが出てきます。国は国全体のことを考えて政策決定を行いますので、特定の地域からすれば、ただ不利益を押し付けられているだけのように感じられるかもしれません。そのようなとき、誰かがその地域を代表して、地域の意見を国に示す必要があります。その役割を負っているのが、自治体なのです。自治体は、国民1人1人を国から守る防波堤であるという人もいます。権力を国と自治体に分けて、相互に抑制・均衡を働かせるという権力分立の要請は、後で述べる団

体自治（☞7頁）と密接に関係します。

⑷　補完性の原理

　最後に、具体的でイメージしやすい根拠付けを紹介しましょう。それが、**補完性の原理**です。耳慣れない言葉だと思いますが、補完性の原理は、実に興味深い考え方です。何しろ日本の国土は、北は北海道から、南は九州、沖縄まで広大です。豪雪地帯もあれば、全く雪の降らない温暖な地域もあります。その代わり、温暖な地域は、台風や渇水に悩まされるかもしれません。同じ日本とはいっても、地域によって気候や風土は全く異なります。また、東京、名古屋、大阪のような人口が何百万人も密集する工業都市から、農業・漁業で生計を立てている人口数百人の山村まで、人口や産業も様々です。都市部の市町村が、人口の密集に伴うごみ処理や騒音・振動対策といった生活環境の課題に頭を悩ませる一方で、農村部の市町村の課題は、人口の流出に伴う過疎化・高齢化・産業の空洞化をどのように食い止めるかにあります。

　このように、地域の実情が全く異なる自治体にすべてあてはまるルールを国の中央政府が決めてしまうことは、適当でないし、効率的であるともいえません。それは、地域住民との「距離感」にも表れています。山奥に足の不自由なおばあさんが住んでいたとしましょう。「足の不自由なおばあさんがいる」という情報を素早く察知し、おばあさんがいま何を最も必要としているかという需要（ニーズ）を的確に把握して、何をすべきかについて意思決定を行い、その供給を迅速に実行することができるのは、地域に密着した自治体です。もちろん、国の中央政府も、このような事態に対処しようと努力はするでしょう。しかし、情報の把握には時間がかかるし、国は組織の規模が大きいですから、意思決定にも、実際に動き出すのにも時間がかかります。とにかく、時間がかかるのです。それに、一口に山奥とはいっても、交通の便のよい山奥もあれば、道なき道をゆく必要のある場合もあります。おばあさんが住んでいるのが秋田県、山形県、新潟県のような雪国ならば、道路の雪掻きや屋根の雪下ろし作業について考えなければいけないでしょう。でも、雪の降らない静岡県、愛知県、

和歌山県ならば、その必要はありません。その代わり、静岡県や和歌山県の沿岸部では、近い将来に発生が確実といわれる東海・東南海地震に備えて、おばあさんに津波からどう避難してもらうかについて、考えなければいけません。地域の実情に応じて、必要とされる施策は変わってきます。そうしたきめ細やかな施策は、住民に近いところに任せた方が、うまくいくのです。

　地域住民にいちばん身近なところにある**市町村**こそ、住民の需要を最も的確に把握して、住民のために迅速に動くことができるのですから、まず市町村が地域住民に関わる事柄を決めていくことが、住民の権利を守り、その福利を増進していくことにいちばん役立つ。地域の事柄は、第一にはその地域にいちばん密着した団体（**基礎的自治体**である市町村）が決めることにして、市町村では手に負えない事柄のみ、それを補完するかたちで、より広域の団体（**都道府県**）や国が決定することが望ましい。このような考え方が、補完性の原理です（地方自治法1条の2第2項）。

③　「地方自治の本旨」

⑴　憲法92条

　これで、地方自治が要請される理由付けは明らかになりました。それでは、地方自治の意味するところについて、少し考えてみましょう。わが国の最高法規である日本国憲法は、その92条において、「地方公共団体の組織及び運営に関する事項は、<u>地方自治の本旨</u>に基いて、法律でこれを定める」と規定します。憲法というのは立法府である国会をも拘束するルールですから、憲法92条は、「地方公共団体の組織及び運営に関する事項は、ほとんど国会が法律で決めて良いけれども、最低限、「地方自治の本旨」だけは守るように」と、国会に命じた規定です。地方自治法1条にも「地方自治の本旨」という言葉が出てくるのは、そのような趣旨からです。この「**地方自治の本旨**」というのは、住民自治と団体自治のことを意味するとされています。

⑵　住 民 自 治

　住民が、自らの所属する自治体のことを、(上から誰かに指図されるのではな
く) 自分たちで決めるという考え方が、**住民自治**です。具体的には、住民自身
が自分たちの代表である長や議会の議員を選挙で選び、そこで選ばれた長や議
員たちが自治体の事柄を決めていくことを指します。憲法93条2項は、「地方
公共団体の長、その議会の議員及び法律の定めるその他の吏員は、その地方公
共団体の住民が、直接これを選挙する」と定めています。議会は自治体の議事
機関 (同条1項) であり、自治体の意思決定は、議会を通じて行われます。こ
れは、憲法前文が「日本国民は、正当に選挙された国会における代表者を通じ
て行動し」と謳っていることと同様に、基本理念として**代表制民主主義** (間接
民主主義とも) を採用するという趣旨です。

⑶　団 体 自 治

　国から独立した自治体という団体が、団体内部のことを決めるという考え方
が、**団体自治**です。これは、住民1人1人が個別的に国と向き合うよりも、団

図1　住民自治と団体自治

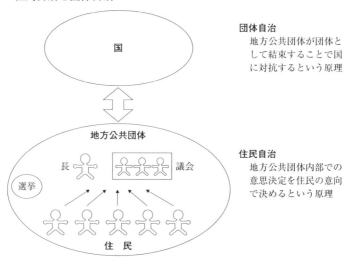

団体自治
地方公共団体が団体と
して結束することで国
に対抗するという原理

住民自治
地方公共団体内部での
意思決定を住民の意向
で決めるという原理

体でまとまった方が、自分たちの意見をより強力に通すことが可能となるからです。団体自治には、様々な根拠が提唱されています。

(a) **固有権説**　団体自治を、近代国家成立以前から存在する自治体固有の権利と考える説。固有権説に立つと、地方自治は非常に強力に保障されますが、わが国では、明治政府が成立してから地方自治制度が整備されてきたという歴史があり（☞13頁）、前国家的な固有権があるとの主張には、歴史的にみて賛成できません。

(b) **伝来説**　団体自治は、法律によって初めて承認されたものと考える説。地方自治は、法律から伝来したものと把握するわけです。伝来説からは、法律により自由に地方自治のしくみを改廃しうるということになります。しかし、明治憲法下であればともかく、わざわざ1章を設けて地方自治を保障した日本国憲法の下では、伝来説は採用できません。

(c) **制度保障説**　団体自治は、憲法が制度（Institution）として保障したものと考える説。そのため、制度の本質的部分を法律によって侵害することは許されないことになります。何を本質的部分とみるかにもよりますが、日本国憲法の下では、制度保障説が妥当でしょう。

＊憲法伝来説

　近年では、(b)説を発展させて、法律ではなく憲法によって団体自治が承認されたとする憲法伝来説も有力です。憲法伝来説では、憲法よりも下位の規範である法律によって憲法で保障された地方自治のしくみを自由に改廃することはできないことになりますので、具体的な帰結は制度保障説と変わりません。

---

(4)　住民自治と団体自治の違い

　住民自治と団体自治の違いは、どのような点にあるのでしょうか。**住民自治**は、自治体内部の物事をその住民によって決める民主主義の原理であり、イメージしやすいと思います。問題は、団体自治の方です。**団体自治**とは、自治体が団体としてのまとまりをもって国に対峙することで、国の言いなりになることなく、自治体の立場を国政に反映させていく原理と考えてもらえばよいでし

迫させたことでしょう。この4年間の出来事を受けて、私も、「本当に必要とされる」事務に行政資源を集中的に投下するための行政法・地方自治法の理論構築が要請されているという思いを新たにしました。本書では紙幅の関係もあって簡潔・明快な記述にとどめましたが、さらなる探究のために、『地方自治法の現代的課題』や『都市行政の変貌と法』を活用していただければ幸いです。

　この4年間においては、横浜国立大学だけでなく、駒澤大学、東京大学、慶應義塾大学、青山学院大学でも「地方自治法」（慶應のみ「行政組織法Ⅱ」）の授業を担当する機会に恵まれました。また、総務省自治大学校や東北自治研修所でも、本書を用いた研修を実施して、多くの自治体職員の皆さんの意見を聴きました。地方自治法ほど、現場の感覚を肌で感じることが必要な法分野も他にないことと思います。記述の節々に、そうした息吹を感じ取っていただければ幸いです。

　改訂にあたっては、第一法規の木村文男さんと石川智美さんの精密な作業に助けられました。お世話になったすべての方々に対し、心から御礼を申し上げます。

　　　令和5年12月

　　　　　　　　　年の瀬を迎えた横浜にて

　　　　　　　　　　板　垣　勝　彦

第4版はしがき

『自治体職員のための　ようこそ地方自治法』は、職員研修のスタンダード・テキストとして、また、全国の大学での「地方自治法」の教科書として、非常に好評をいただいています。第3版の刊行から4年が経過し、諸法令の改正とともに、重要な最高裁判決が相次いだため、このたび第4版を刊行することとしました。改訂のポイントは、次の3点です。

第1に、辺野古紛争、泉佐野ふるさと納税事件、岩沼市議会事件など、近年の注目される最高裁判例を盛り込みました。また、『地方自治判例百選』が10年ぶりに改訂されたことを受けて、裁判例への言及を一層強化しました。

第2に、近年の法改正の内容を反映させました。特に令和5年の地方自治法改正では、岩沼市議会事件の最高裁判決を受けて、議会の位置付けが明確にされています。自治体ごとに整備されていた個人情報保護法制も、法律へと一元化されました。

第3に、近年の私の研究内容を反映させるとともに、細部まで記述を全面的に見直しました。ただし、新型コロナウイルス感染症の流行を受けてリモート方式の授業を行うために作成したYouTubeでの動画配信（https://kibatai2004.com/localgovernmentlaw/）が好評を博したため、第3版からページ数の変動がないように留意しました。

第3版の「はしがき」には新しい時代への強い期待を込めたのですが、非常に残念なことに、この4年間、新型コロナウイルス感染症の流行、相次ぐ国際紛争とテロリズムなど、世界を暗い影が覆い尽くしました。少子高齢化はさらに急速に進行し、人手不足の問題は、サービス業や運送業だけではなく、自治体現場でも顕著になっています。コロナワクチンの接種や定額給付金の支給、マイナンバーカードの普及の事務は、ただでさえ苦しい自治体現場をさらに逼

自治体職員のための

ようこそ
地方自治法
［第4版］

板垣勝彦［著］

第一法規

JN098421

Chap. 5 自治体のしごと
自治事務と法定受託事務
51

Chap. 6 国は自治体のしごとに口出しできるか
関与のしくみ
62

Chap. 7 自主行政権①
自治体の経済活動とまちづくりの手法
80

スでは、声高に分権を叫ぶ大都市の主張ばかりが報道されますが、「分権社会になったのだから何でも地方で決めなさい」と丸投げされたのでは戸惑う自治体の方が、実際には多いのではないでしょうか。私は、国と地方は、対立するのではなく、お互いに協力しながら、住民の福利増進のために取り組んでいくべきだと考えています。この本では、国と地方が協力しつつ、よりよい地方自治を実現させるためにはどうすればよいか、私自身の言葉や表現で、思索を重ねました。この意図に共感してくれる方が1人でも増えてくれるならば、これ以上の喜びはありません。

　私は地方の農村部の出身で、都市部や国との関係で、地方は今後いかにあるべきかについて、比較的多く考える機会を与えられてきました。両親ともに地方公務員として働いていたので、地方自治に育てられたといってもよいでしょう。そうした事情を知ってか、第一法規の木村文男編集長は、行政法の若い研究者に機会を与えようと、私に大事な企画を任せてくださいました。木村さんからは、私が研究生活を始めたときから、行政判例研究会の事務局、「自治研究」の編集長として、常に叱咤激励されています。お世話になりっ放しの木村さんに少しでも恩返しができたか心配ですが、この機会に改めて御礼を申し上げたいと思います。

　　　平成27年8月

　　　　　　　　　　　　　　　真夏の横浜にて

　　　　　　　　　　　　　板　垣　勝　彦

は し が き

　この本は、これから地方自治を担う人たち向けに書き下ろした地方自治法の入門書です。具体的には、①大学で法律学（地方自治法）を学んでこなかった自治体職員の初任研修向け教材、②全国の大学での「地方自治法」の教科書としての活用を念頭に置いています。地方自治法の概説書は数多くありますが、研究者や自治体法務の専門職員向けのものが多く、初学者のみなさんには敷居が高いのではないでしょうか。でも、高卒採用、技術職職員、法学部以外の出身者など、これまで地方自治法を学んだことはないけれども、自治体職員として地方自治の現場に関わっていくという人たちは少なくありません。執筆に際しては、そうした読者に向けて、可能な限りわかりやすく地方自治法の考え方を伝えられるように心がけました。

　ですから、この本は、全国の大学の「地方自治法」の教科書としても手頃ではないかと思います。これまで私は、山梨学院大学、都留文科大学、横浜国立大学、神奈川大学で地方自治法（自治体法）の授業を担当してきました。執筆に際しては、その経験から、自治体職員を目指す大学生に最低限身に付けてもらいたい知識を、可能な限り反映させました。私に行政法・地方自治法の手ほどきをしてくださった交告尚史先生、斎藤誠先生とともに、授業を受けてくれた受講生のみなさんに対して、心から感謝したいと思います。その反面、入門書ですので、法務の専門職員や法科大学院・公共政策大学院生にとっては、独習・予習用の教材にはよくても、記述が物足りないことでしょう。この本を足がかりにして、本格的な概説書に取り組んでもらえれば幸いです。

　この本で気を付けたのは、行政の現実を見据えた記述をすることです。たしかに「地方分権」は大切な理念ですし、「自分たちのことは自分たちで決める」という自治の理念が実現すれば、これ以上のことはありません。しかし、少子高齢化、経済の停滞、産業の空洞化により地方財政は逼迫しています。多くの自治体では、必要な財源も人材も慢性的に不足しているのが実情です。ニュー

男さんと和久井優さんの精密な作業に助けられました。お世話になったすべての方々に対して、この機会に、心から御礼を申し上げます。

平成29年10月

秋の深まる横浜にて

板　垣　勝　彦

改訂版はしがき

　2年前に刊行した『自治体職員のための　ようこそ地方自治法』は大変な好評を博し、おかげさまで改訂版を刊行する運びとなりました。短い期間で改訂を行うことができたのは、読者のみなさんの支援あってのことです。改訂にあたっては、以下のことを心がけました。

　第1に、初版に寄せられた読者のみなさんの声を踏まえて、記述を見直すとともに、特色ある条例や政務活動費など、私自身の研究成果を反映させました。とりわけ、初版でご好評をいただいたコラムを一層充実させました。

　第2に、この2年間の法改正や判例の動向を反映させました。ただし、この本は紙幅の制約がありますので、宇賀克也(編著)『2017年地方自治法改正―実務への影響と対応のポイント―』第一法規(2017)もあわせてご参照ください。

　第3に、自治体の人口や財政状況などの情報を、平成27年国勢調査などの各種統計資料に基づき、できる限り最新のものに更新しました。

　私が物心ついてから人生の大半を過ごした平成の時代も、終わりに近づいています。世界は、この30年間、冷戦の終結による多極化、新興国の台頭、情報通信の飛躍的な発達、環境意識の高まりなど、激動の波に揉まれました。国内では、少子高齢化の進展、経済の停滞、相次ぐ自然災害など、私たちは、昭和の時代とは質的に異なる課題への対処を迫られました。こうした課題に対処するために、地方自治においても、地方分権改革、平成の大合併、三位一体の改革といった根本的な構造転換が行われました。明るいきざしがみえるのか、誰にも将来のことはわかりませんが、私たち1人ひとりが知恵を絞って、新しい時代がよりよい時代になっていくように、努力していかなければなりません。

　この2年間で、多くの自治体から審査会や研修に招いていただき、職員のみなさんから貴重なご教示を賜りました。改訂にあたっては、第一法規の木村文

の自治体で職員研修を行った経験も、今回の改訂に生かしています。

　改訂にあたっては、今回も、第一法規の木村文男さんと和久井優さんにご尽力を賜りました。お世話になったすべての方々に、厚く御礼申し上げます。

　　　　令和元年10月

秋の深まる横浜にて

板　垣　勝　彦

第3版はしがき

『自治体職員のための ようこそ地方自治法』は、読者のみなさんの強い支持のおかげで、第3版を刊行することができました。今回の改訂のポイントは、次のようなものです。

第1に、この本を足がかりとして、さらに先を追究したい方のために、昨年末に刊行した『地方自治法の現代的課題』の該当箇所について参照を付けました。この本は入門書としての性格上、脚注や引用は最小限にとどめています。参考文献を探したり、私の考え方の根拠を知りたい方は、『地方自治法の現代的課題』を参照してください。

第2に、広域連携、立地適正化計画、特色ある条例など、最近の私自身の研究成果を盛り込みました。

第3に、内部統制体制や会計年度任用職員の導入、国地方係争処理委員会の勧告など、改訂版が刊行されて以降の、この2年間の法改正、地方自治に関する動き、判例の動向を反映させました。

新しい時代が幕を開けました。2度目の東京オリンピック、大阪万博の開催を控えて、祝賀ムードに包まれる一方で、人口減少社会は確実に目に見えて到来しています。地域社会のあり方については、さらに一層、国民1人1人が、知恵を出し合わなければなりません。新しい問題に対して最前線で対処しなければならない自治体職員のみなさんが、地方自治の法的思考を身に付けなければいけない要請は、これまでになく高まっています。この本が、自治体職員のみなさんが自信を持ってしごとをするための一助となれば、これ以上の喜びはありません。

この2年間、勤務校である横浜国立大学だけでなく、駒澤大学、上智大学、東京大学で「地方自治法」の授業を担当する機会に恵まれました。また、各地

ょう。国は国全体のことを考えて動きますので、1つの地域が——何の見返り
もなしに——特定の負担を強いられる可能性があります。そのようなとき、負
担の軽減や何らかの見返りの確保のために、地域を代表して意見を通すには、
自治体が必要となるということです。そして、自治体が団体としていかなる立
場を採るか（負担を受け入れるか、拒絶するか、見返りの内容として何をどの程度要
求するか、しないか）について決める際には、選挙を通じて住民の意見を反映さ
せることになります（住民自治）。

　これは、労働組合と使用者との関係にたとえるとわかりやすいと思います。
労働組合は、各労働者が組合として団結することで、使用者との交渉を優位に
進めて、自分たちの立場を経営に反映させられるようにするしくみです（団結
権、団体交渉権、団体行動権）。他方で、組合としていかなる立場を表明するか
（賃上げを要求するか、しないか等）という方針は、組合の内部で、組合員である
各労働者の合議によって決められます。前者が団体自治であり、後者が組合員
自治（≒住民自治）です。

　ところで、住民自治がない団体自治というものも、歴史的には行われていま
した。自治体に少数の有力な貴族や商人がいて、国との関係では強力に団体と
しての立場を通すことができるけれども、一般の住民に選挙権は保障されてお
らず、団体内部の政策はその貴族や商人の意向で決められるような場合（寡頭
制）、団体自治はあるが住民自治は存在しません。実際、近世ヨーロッパの都
市では、そのようなしくみが採られていました。

　しかし、国民主権を採るわが国では、地方公共団体の長および議会の議員は、
住民の直接選挙で選ばれることになっており（憲法93条2項）、住民自治も保障
されています。何よりも、自分たちのことは自分たちで決めるという「自治」
の理念からすれば、何でも少数の人々が決めてしまうのは妥当ではありません。
団体としての意思決定には、住民すべてが関与する必要があります。住民自治
と団体自治は、2つが一体となって「地方自治の本旨」の意味内容となってお
り、いずれが欠けても、地方自治の保障として不十分です。（▶現代的課題2頁）

４　ま　と　め

　ここまでの内容を確認しましょう。まず、地方自治とは、国から独立した自治体という団体が、自分たちの地域に関することは可能な限り自分たちで決めるという理念でした。

　そして、地方自治が要請される理由は、①自己決定・自己実現の理念（「自分たちのことは自分たちで決める」という発想自体が、自由主義と民主主義を基本理念にもつ日本国憲法の下で尊重されるべき原理である）と、②権力分立の要請（権力が集中すると濫用されるおそれがあるから、権力を国と地方に分担させ、自治体は住民の意見を反映させて国と向き合う）、そして、③補完性の原理（地域住民にいちばん身近なところにある市町村こそ、住民の需要を最も的確に把握して、住民のために迅速に動くことができるのだから、まず市町村が地域住民に関わる事柄を決めていくことが、住民の権利を守り、その福利を増進していくことにいちばん役立つ）に求められます。

　さらに、「地方自治の本旨」というのは、①住民自治（住民が、自らの所属する自治体のことを、上から誰かに指図されるのではなく自分たちで決める）と、②団体自治（国から独立した自治体という団体が、団体内部のことを決める）を意味します。

　したがって、憲法92条が、「地方公共団体の組織及び運営に関する事項は、ほとんど国会が法律で決めて良いけれども、最低限、「地方自治の本旨」だけは守るように」と、国会に命じたということは、たとえば地方自治法（法律）において、自治体内部の意思決定に対し、あらゆる局面で国の命令を優先させるような規定を置くことは、「地方自治の本旨」の意味内容である「住民自治」や「団体自治」に反するものであって、違憲であるという趣旨に理解されます。また、地方自治法において、国が長や議員を任命するといった制度を採用することは、憲法93条２項の明文に反するだけではなく、憲法92条にも違反する違憲な制度設計になります。

　みなさんは、この本を読み進めていく中で、いつもこの章で学んだことを意識しながら、地方自治のあるべき姿について考えていってください。

Chap. 2

地方自治の「むかしといま」

■1 わが国の地方自治の歴史

(1) 近代以前——地方自治と中央集権国家

(ア) 江戸時代に「地方自治」はあったか

　江戸時代に「地方自治」はあったかというと、近代中央集権国家のしくみを前提とした「地方自治」はなかったというのが正確でしょう。幕藩体制とは、江戸幕府が——現在の日本国政府のように——日本の領土を一円的に支配する中央集権国家（単一国家）のしくみではありません。幕府の法律や税制が通用するのは江戸や大坂など幕府の直轄領（幕領）だけで、盛岡藩なら盛岡藩の、加賀藩なら加賀藩の領内で、独自の法律、税制、裁判権が及んでいたからです。

　中央集権国家のポイントは、ある政府がその領土を一円的に支配・統治することにあります。現在の日本は、中央集権国家です。日本国政府が、本州、北海道、四国、九州、沖縄といった領土を一円的に支配しています。一円的に支配するというのは、その地域内において、ある政府の法律（裁判権）、警察権、徴税権などをあまねく及ぼすことです。「主権を及ぼす」ということもあります。

　これに対して、幕藩体制の場合、（現代の意味で）江戸幕府が日本の中央政府の役割を果たしていたとはいえません。江戸幕府の法律は、仙台藩領などには直接には及ばなかったからです。幕府の役人が仙台藩領から年貢を取り立てることはできませんでした。仙台藩の藩主は徳川将軍の家来であり、その個人的な主従関係の限りで、武家諸法度の規律が及んでいたにすぎないのです。よく、「徳川家康は中央集権のしくみをつくった」などといわれますが、これは、各藩の藩主に対する締付けを厳格にしたという程度の意味です。現代の感覚でい

えば、独立国の集合体――しかし、各独立国の君主は徳川将軍の家来である――が、幕藩体制でした。

㈡ 連 邦 制

　幕藩体制は、連邦制と似ているところがあります。**連邦制**というのは、アメリカやドイツのように、州が集まって1つの大きな連邦国家を形成している制度のことです。アメリカ合衆国は、その英語名称 United States of America からもわかるように、50の State の集合体です。ここで State とは国のことですから、国（州）が集まった国（連邦）がアメリカだということになります。各州の権限は独立した中央集権国家とあまり変わらず（最低限、立法権をもっています）、州の内部では、州政府がその領域を一円的に支配しています。アリゾナ州やテキサス州といった州ごとに憲法があり、その領域内で各自の法律、税制が通用しています。

　しかし、連邦制と幕藩体制では、決定的に異なる点があります。連邦制の場合、構成体となっている各州は、外交権、立法権、司法権、行政権（警察権・徴税権）など、主権の一部を連邦に移譲しています（具体的にどの部分まで主権を移譲したのかが、大きな争いになるほどです）。したがって、アメリカの連邦政府がつくった法律はカリフォルニア州内でも効力を有しますし、アラスカ州にもFBI（連邦捜査局）の捜査は及びます。ただし、国連総会で認められる議決権が1票のみであるように、他国との関係では、連邦として1つの扱いです。アメリカは国（州）の集合体であるとはいえ、各州の有する主権は完全なものではありません。これに対して、幕藩体制の場合、各藩は基本的に領域内で主権を行使することができます（もちろん、主君である将軍の意向に正面から逆らうことはできませんでしたが）。幕末に薩摩藩がイギリスと戦争したり外交を結んだりしているのは、その表れです。その意味でも、江戸時代には地方自治はなかったという以外にありません。

＊アメリカやドイツの「地方自治」
　なお、アメリカやドイツのような連邦国家で「地方自治」というとき、州が連邦に

対して自治権を有するという意味ではありません。州は1つの国ですので、「地方自治」というのは、その州の中にある郡、市、町、村が、州に対して自治権を行使することです。

㈦　中央集権を前提にしての地方分権

　先ほどから「中央集権」という言葉を頻繁に用いるので、違和感を覚える読者もいるかもしれません。「**地方分権は大切だ**」といわれているのに、なぜ中央集権を前提にした書き方なのだろうと、不満をもつ方もいるのではないでしょうか。しかし、いくら地方分権が大切だからといって、日本国憲法に背いた地方政治を行おうとしたり、日本の刑法（法律）に背いて罪を犯したり、日本の所得税法（法律）を無視して税金を納めなくても許されると考える読者はいないと思います。日本国の憲法・法律に従うことは暗黙の前提であり、これが中央集権ということの意味なのです。したがって、わが国で「地方分権は大切だ」といわれる場合、その99％は、「日本は中央集権国家ではあるけれども、その枠内で可能な限り地方分権型のしくみを構築していくべきだ」という主張のはずです。中央集権を前提に、初めて地方分権の主張は成り立つという点は、正確に理解しておいてください。

> ＊スコットランドの独立投票
> 　2014年に、イギリス（連合王国）を構成する国の1つであるスコットランドが、連合王国から独立するか否かをめぐって、住民投票が行われました。もうイギリス政府の法律には従えないとする勢力が、独立を呼びかけたのです。

⑵　明治時代〜戦前まで

　地方自治というのは、あくまで中央集権国家が存在することを前提とした、地方の自立のことです。したがって、わが国の地方自治の歴史は、中央集権国家が成立したとき——明治維新に始まります。その動きを、①明治時代〜戦前まで、②戦後〜20世紀末、③21世紀の現在の3つの時期に分けてみていきましょう。

　明治政府は、試行錯誤しながら地方自治制度を組み立てていきました。大区

小区制が試行錯誤の末に放棄された後、明治11（1878）年に制定された郡区町村編制法、府県会規則、地方税規則のいわゆる地方三新法から、現在に連なる地方自治のしくみが構築されていきます。明治22年に発布された大日本帝国憲法には、地方自治に関する規定が置かれていませんでした。しかし、戦前に地方自治制度がなかったわけではありません。憲法レベルでは規定がなかったのですが、地方自治制度はしっかり存在していました。地方自治の細目は、市制町村制（明治21年制定）、郡制、府県制（いずれも明治23年制定）という法律レベルで規定されていたのです（伝来説、☞ 8 頁）。

　地方議会の議員は、住民の直接選挙により選出されましたが、財産権により選挙権の資格が制限される制限選挙の時代が長く続きました。議員には、地方の有力者（名望家）が就任することが想定されていたのです。市長や町村長は、住民が直接選ぶのではなく、地方議会の議員により選出されました（間接選挙）。

　最大の特色は、府県知事は国から派遣されるしくみが採られ、内務省の課長級以上の職員が務める役職であったことです。そして、府県知事は国の大臣の部下として、その指揮・監督に服しました。このようなしくみを**官選知事**とよびます。つまり、戦前の府県知事は、文字通り国の大臣の下級行政機関だったのです。

＊郡

　一部の離島を除き、市の区域外は、**郡**に属しています。現在では単なる地理的名称にすぎない郡ですが、明治時代の郡は、府県と町村の間に位置する、れっきとした自治体でした（名称それ自体は、律令時代まで遡ります）。しかし、郡制は大正10（1921）年に廃止されて、現在では、行政の管轄と選挙区割りに名残がみられる程度です。市町村合併による市域の拡大により、消滅した郡も少なくありません。私が暮らす横浜市神奈川区は、かつて橘樹郡という趣のある名前でしたが、昭和13（1938）年に消滅しています。

＊警察組織

　官選知事と似たようなしくみが現在でもみられるのが、警察組織です。各都道府県警察の本部長は警察庁の課長級以上の職員が務める役職ですし、警視正以上の役職は国家公務員です。これは、戦後の自治体警察で混乱が生じたとの反省と、警察の場合、

全国で組織的な統制が強く求められるためです。ただし、国家公安委員会が県警本部長を任命するときには、その県の公安委員会（☞153頁）の同意が必要であるなど、国（警察庁）が自由に人事を行うことができるわけではありません。

(3)　戦後〜20世紀末

　昭和21年に公布された日本国憲法は、地方自治に関して独立の一章を設けました。これを受けて、翌年に制定されたのが、**地方自治法**（昭和22年法律第67号）です。地方自治法が施行されたのが日本国憲法と同じ昭和22年5月3日であったことからも、新憲法の下で地方自治がいかに重要なものと位置付けられたのかがわかります。地方自治法の下では、市町村長、都道府県知事とも住民の直接選挙によって選ばれるしくみ（**民選知事**）が採られるなど、戦前と比較して民主的色彩が大幅に強くなりました。

　その一方で、戦前からの問題点も引き継がれました。自治体が担う事務の多くは**機関委任事務**で、国の下請けとしてしごとをするという面が強かったことです。これが官選知事の時代であれば、知事が国の下級行政機関として働くことはある意味で必然といえたのですが、国と地方が対等・独立になったはずの戦後において、民選知事が国の下級行政機関として働くというのは、不自然なことでした。驚くべきことに、このような戦前の名残は、20世紀の末まで残っていました。そして、都道府県の職務の7〜8割、市町村の職務の3〜4割を、機関委任事務が占めていたのです。

　社会の激変に伴い、とりわけ市町村の役割が増したことも注目されます。昭和30年〜40年代の高度経済成長期、わが国は、これまでにない新たな問題に直面していました。たとえば、急激な都市化・産業化の進展により、大気汚染、水質汚濁、騒音・振動などの環境汚染が進みました（環境対策の要請）。村落共同体の解体、医療の進歩、家族構成の変化は、行政が子どもやお年寄り、障害をもつ人たちのケアについて取り組むことの必要について思い起こさせました（福祉国家の要請）。しかし、国の対応が後手に回ったことから、こうした住民にとって身近な問題の解決は、市町村から着手されていったのです。各地に生

まれた革新自治体は、環境・福祉政策の充実を求める声に応える一方で、財政支出の増大が負の遺産となりました。ただし、社会の高度化に伴って、地域の課題は地域の実情に応じて住民にいちばん身近な市町村から手をつけていくべきだという発想が徐々に定着していったことが、次の時代に「**地方分権改革**」を生むことになります。

⑷　21世紀の現在

　平成11（1999）年に「地方分権改革」の理念に基づいて地方自治法が大幅に改正され、機関委任事務は廃止されました。自治体が担う「地域における事務」はすべて自治体自身の事務（**自治事務・法定受託事務**）になり、その自主性が大幅に認められたわけです。

　今世紀に入ってからは、小泉政権が推進した「**三位一体の改革**」などにより、財政的にも地方の自主性を強調する動きが広がっています（ただし、三位一体の改革は、国の財政が危機に瀕していることに対応してなされた側面も強くみられます）。「**平成の大合併**」により、市町村の規模は拡大の一途を辿り、かつてのような住民の暮らしに密着した基礎的自治体という性格は変容しています。他方で、地方への大幅な権限移譲を求める声はますます高まり、その受け皿としての道州制や大都市特例の論議が活発化しています。民主党政権（平成21年〜24年）の下では、「地域主権」といった用語さえみられました。

　少子高齢社会の到来、長引く経済の停滞、産業の空洞化により、行政には限られた人的・物的資源を用いて多様化した課題に対処することが求められており、とりわけ市町村の役割は増す一方です。過疎・高齢化の進展で共同生活の維持が困難となっている「限界集落」の問題などは、最たる例でしょう。国と市町村の中間にある広域的自治体としての都道府県の位置付けも、頻発する激甚災害への対応や道州制論の高まりなどを受けて、再考を迫られています。

❷　地方自治と法律

⑴　1つの疑問

　日本国憲法は、地方自治について独立した一章を設けました。その冒頭に置かれているのが、「地方公共団体の組織及び運営に関する事項は、**地方自治の本旨**に基いて、**法律**でこれを定める」とする憲法92条です（☞6頁も復習してください）。しかし、よく読むと、憲法92条は矛盾したことをいっているのではないかという疑問がわいてきます。「自分たちのことは自分たちで決める」という自治の理念を貫くならば、地方公共団体の組織および運営に関する事項は、その自主法である条例によって定めるのが筋ではないでしょうか。なぜ憲法92条は、「地方公共団体の組織及び運営に関する事項」について、国の機関である国会が制定する法律の定めに委ねているのでしょうか。

⑵　手がかりをもとに

　この疑問を解くための手がかりは、地方自治法1条の2にあります。同条第1項は、「地方公共団体は、住民の福祉の増進を図ることを基本として、地域における行政を自主的かつ総合的に実施する役割を広く担うものとする」と定めていますが、ここでは、次の第2項が重要です。第2項では、国は、第1項の規定の趣旨を達成するため、国においては、①国際社会における国家としての存立にかかわる事務、②全国的に統一して定めることが望ましい国民の諸活動もしくは地方自治に関する基本的な準則に関する事務、③全国的な規模でもしくは全国的な視点に立って行わなければならない施策および事業の実施その他の国が本来果たすべき役割を重点的に担うと定めています。その上で、「住民に身近な行政はできる限り地方公共団体にゆだねることを基本として、地方公共団体との間で適切に役割を分担するとともに、地方公共団体に関する制度の策定及び施策の実施に当たつて、地方公共団体の自主性及び自立性が十分に発揮されるようにしなければならない」と続きます。

　後半部は、前章でふれた補完性の原理（☞5頁）についての説明です。ここ

では、前半部の掲げる①②③、つまり国が重点的に担うべきとする内容について考えてみてください。①国際社会における国家としての存立にかかわる事務というのは、(i)外交・防衛、(ii)通貨発行、(iii)司法権の行使などが思い浮かぶことでしょう。

②のうち、「全国的に統一して定めることが望ましい国民の諸活動……に関する基本的な準則」として挙げられるのは、(i)取引法や家族法のルールといった私法秩序の形成、(ii)公正取引の確保、(iii)生活保護基準、労働基準などです。これに並んで、「地方自治に関する基本的な準則」が掲げられていることは、大きなヒントになります。まず、(i)私法秩序の形成から推測できることは、国としての基本的な法準則は、国が定めなければならないという趣旨でしょう。次に、(ii)公正取引の確保というのは、社会基盤としての自由競争市場（制度）の存立を国が保障しなければならないということです。(iii)生活保護や労働についての最低基準とは、生活や安全のレベルについて、国として最小限確保されなければならない水準（ナショナル・ミニマム）を意味すると思われます。身の回りの清浄な水や空気の確保についても、ナショナル・ミニマムはたしかに存在します。

③全国的な規模で、もしくは全国的な視点に立って行わなければならない施策・事業の実施の例としては、(i)エネルギー政策や(ii)鉄道・道路・航空・船舶輸送といった交通基盤の整備が考えられます。それだけではなく、東日本大震災や新型コロナウイルスの件が明らかにしたように、(iii)大規模災害、環境汚染、感染症への対応なども含まれることでしょう。(iv)都道府県にまたがる問題で、その相互調整では手に負えないものについては、国が広域調整の役割を担う以外にありません（実は、①②③は明確に区別できるものではありません。環境対策が②と③にまたがることからも、理解できると思います）。

(3)　一応の答え

ここで、最初の疑問に対する答えを出すための材料は出揃いました。大部分は、②で説明がつくことと思います。おそらく、国として最小限確保されなけ

ればならない地方自治の水準というのが想定されていて、それは私法秩序のような基本的法準則であって、国として存立を保障すべき制度なのです。たとえば、法180条の5第1項は、都道府県・市町村においては、どんなに規模が小さいところであっても、必ず教育委員会を置かなければならないと定めています（☞153頁）。これは各自治体の組織の水準（スタンダード）を定めたものであり、この規定が存在することで、学校教育法や地方教育行政法では、「およそ自治体には教育委員会という合議制の執行機関が存在するものである」という前提の下に、国内の隅々まで義務教育などの各種教育行政を浸透させるルールを決めることが可能になるのです。③の要素も見過ごしてはならないでしょう。つまり、地方は国の一部である以上、全国的な視点は欠かせません。地方同士の連携・調整が必要になったときは、国が仲介役を求められるのです。

　自分たちのことは自分たちで決めるとはいっても、地方は国の一部です。そうである以上、基本的なルールは国が定める必要があります。また、特に市町村には、十分な質・量の職員を抱える大都市もあれば、小さな山村もあります。小さな山村にとって、一から十まですべて自分たちで決めなさいといわれても、現実的には無理な話です。国が定める法律のルールには、一定の統一的な指針を示す機能があります（その反面、大都市にとっては不満が出てきます）（☞**3新たな分権の構想**）。

　こうした理由から、「**地方公共団体の組織及び運営に関する事項**」については、地方自治の本旨に基づいて、国が法律で定めることになっているのです。代表的な法律が地方自治法であり、その他にも、地方財政法、地方税法、地方公営企業法、地方教育行政法、地方公務員法といった多くの法律があります。食品衛生法、建築基準法、廃棄物処理法などの個別法の中にも、地方公共団体の組織・運営について定めたものは数多くあります。これらのすべてを採り上げるのは無理ですので、この本では、地方自治法を中心に、重要なしくみに絞って、解説することにします。

3 新たな分権の構想

(1) 法律の縛りから解放されたい！

　こうして、「地方公共団体の組織及び運営に関する事項」について、地方自治法をはじめとする諸法が制定されています。小さな自治体では制定するのに限界があるルールを、国が精密に定めているのです。しかし、現実には、法律の規制が精密にすぎる局面が出てきます。これは、自治体の間に格差があるからです。たしかに、人口が数百人しかなく、職員も数十人規模の村にとって、一からすべて「自分たちのことは自分たちで決める」ことを求めるのは無理な話です。しかし、十分な質・量の職員を抱える大都市にとっては、都道府県なみの権限を行使するなど、いろいろと自由にさせてほしいという提案がなされます。これらの提案は、地方6団体の要望といったかたちで、法改正に強い影響を及ぼしてきました。

> ＊地方6団体
> 　全国知事会、全国都道府県議会議長会、全国市長会、全国市議会議長会、全国町村会、全国町村議会議長会を地方6団体とよびます。地方6団体は、全国的連合組織として、総務大臣を経由して内閣に対し意見を申し出、または国会に意見書を提出することができます（法263条の3第2項）。
>
> ＊国と地方の協議の場
> 　平成23年、「国と地方の協議の場に関する法律」（平成23年法律第38号）が制定され、地方自治に影響を及ぼす国の政策の企画、立案、実施について、内閣官房長官、総務大臣、財務大臣、指定された国務大臣、そして地方6団体の代表が一堂に会する国と地方の協議の場が法的に設けられました。内閣総理大臣は、いつでも協議の場に出席し発言することができます（同法2条10項）。

(2) 大都市の特例

　法律は全国一律の規制である以上、規模の小さな村に合わせて制定しなければならないので、どうしても事細かな規制になります。しかし、札幌市や名古屋市のような大都市にとってみると、国や都道府県から事細かな関与を受ける

ことは、大きなお節介であり、ときには鬱陶しい足かせにもなります。そこで大都市は、自分たちは十分な人口、面積、職員の質・量、財政能力を有しているのだから、自分たちで決めさせてほしいと要望するわけです。こうした要望を受けて、大都市については、自分たちのことを自分たちで決めるだけのエネルギーが備わっているという前提の下に、権限が移譲されています。それが、大都市等に関する特例です。具体的には、人口50万人以上の市を対象とした**指定都市**（運用上は、80万人が目安とされます）と、20万人以上の市を対象とした**中核市**というカテゴリーが設けられています（法252条の19以下）。かつてはこの他に特例市が設けられていましたが、平成26年の地方自治法改正により、中核市に一本化されました。これらの市には、①事務配分の特例、②国の大臣や都道府県知事からの関与の減少、③組織の特例、④財政の特例が適用されて、部分的に都道府県と同等に取り扱われます。

指定都市	・人口50万以上の市で、政令で指定されたもの。 ・法令によって都道府県が処理することとされる事務の全部（または一部）を処理することができる。福祉（児童相談所の設置）、教育（県費負担教職員の任免）、公衆衛生、都市計画（区域区分に関する都市計画決定）の分野において、都道府県とほぼ同様の権限を有する。 ・行政区を置くことができる。 ・関与が大幅に減少。 ・地方交付税の算定上、有利となる。 ・指定都市の区域であっても、警察活動、教育（学級編制、教職員定数の決定）、一級河川の指定区間の管理などは、都道府県の事務である。 ・札幌市、仙台市、さいたま市、千葉市、横浜市、川崎市、相模原市、新潟市、静岡市、浜松市、名古屋市、京都市、大阪市、堺市、神戸市、岡山市、広島市、福岡市、北九州市、熊本市の20市。
中核市	・人口20万以上の市で、政令で指定されたもの。 ・指定都市が処理する事務のうち、都道府県がその区域にわたり一体的に処理することが効率的な事務などを除き、政令で定めるものを処理することができる。具体的には、屋外広告物規制、一般廃棄物処理施設・産業廃棄物処理施設の設置許可、保育所や特別養護老人ホームの設置の認可・監督、介護サービス事業者の指定、県費負担教職員の研修、保健所の設置、飲食店営業許可、旅館業許可など。

	・福祉の事務については、関与が指定都市並みに減少。
	・地方交付税の算定上、有利となる。
	・全国で62市。県庁所在地が多い（青森市、秋田市、盛岡市、山形市、福島市、宇都宮市、前橋市、水戸市、金沢市、富山市、福井市、甲府市、岐阜市、長野市、大津市、奈良市、和歌山市、鳥取市、松江市、松山市、高松市、高知市、大分市、宮崎市、長崎市、鹿児島市、那覇市）。それ以外には、旭川市、函館市、八戸市、郡山市、いわき市、川越市、越谷市、川口市、八王子市、船橋市、横須賀市、柏市、高崎市、松本市、豊橋市、岡崎市、豊田市、一宮市、東大阪市、豊中市、高槻市、枚方市、八尾市、寝屋川市、吹田市、尼崎市、西宮市、姫路市、明石市、倉敷市、呉市、福山市、下関市、久留米市、佐世保市。

＊特別自治市構想

　地方自治法制定当時に5大市を念頭に用意されていた特別市制度を現在に衣替えしたものが、特別自治市構想です。「横浜特別自治市大綱」では、特別自治市としての横浜市が成立した場合、原則として、現在神奈川県が横浜市域において実施している事務および横浜市が担っている事務の全部を処理することを謳っています。これは横浜市が道府県税の徴収や警察の権限も含めて神奈川県からの独立を目指すものであって、「横浜県構想」とでも称すべきでしょう。特別自治市構想は、都道府県と指定都市の二重行政（☞57頁）解消のための提案という点では、都構想（☞35頁）と共通しています。しかし、指定都市を廃止してその権限を都と特別区へと分割する都構想に対して、特別自治市構想は全く反対に、指定都市の権限をさらに強化して都道府県からの独立を図ることを眼目としています。いわば、都道府県並みの権限を持った市を新設する構想であって、ドイツの都市州に近いものがあります。

⑶ 「特区」構想

　これまで全国一律であった法律の規制を、「**特区**」とよばれる特定の地域に限定して、法律によって緩和しようという社会実験の手法が、「特区」構想です。「構造改革特別区域」のほか、「総合特別区域」や「国家戦略特別区域」がありますが、基本的な考え方は同じですので、以下では「構造改革特別区域」について説明します。「特区」は、地域から規制の特例措置について具体的な提案がなされ、内閣総理大臣から認定を受けることで成立します。提案主体は、民間事業者であってもかまいません。その目的は、税制優遇など規制緩和によ

る産業の振興、物流の促進、まちづくりの多様化などにあります。「特区」構想のポイントは、法律の規制を、法律（構造改革特別区域法（平成14年法律第189号））で認めた場合に限って、撤廃・緩和するという点です。

　税制優遇やワンストップ窓口を設けたりすることでものづくり育成や物流の促進を図る「特区」、自動運転やタクシー、ドローンの「特区」には熱い注目が寄せられています。比較的小規模なものとしては、酒税法の規制が及ばない「どぶろく特区」が有名です。その他には、株式会社立の学校を認めるとか、学習指導要領に縛られず、小中高で英語教育を実施するといった教育関連の「特区」が目立ちます。インバウンド需要の高まりを受けて創設された「特区民泊」は、大田区、大阪府、大阪市などで行われています。まだ構想段階ですが、カジノを解禁する「カジノ特区」や労働契約法の解雇規制が及ばない「解雇特区」などは、その是非はともかく、これまでのわが国にはない試みといえるでしょう。テトロドトキシンを含まない餌を与えて養殖したふぐについて、その肝まで食用に提供することを認める佐賀県の「ふぐ肝特区」は、安全性が保障できないとして認定は却下されてしまいましたが、ユニークな試みとして注目を集めました。

　東日本大震災からの復興においても、被災した11道県・227市町村は、内閣総理大臣から認定を受けることで、復興特別区域（復興特区）を創設することが認められています。具体的には、公営住宅の入居資格の緩和や、応急仮設店舗・工場の存続期間の延長などに用いられています。

　（→現代的課題274頁）

(4)　道 州 制 論

　都道府県が合併してさらなる広域団体としての「道・州」を結成し、道・州に対して国の出先機関（地方整備局や財務局など）を統合するなどして、その権限を大幅に移譲していくべきという議論が、**道州制論**です。広域を管轄する道州は、都道府県と比べて人口や財政力が飛躍的に増大するから、行使することのできる権限を増やしてもよいだろうという意図に基づくものです。戦後間も

ない時期の道州制論は、戦前の強力な中央集権を復活することをねらいとして提唱されていましたが、近年の道州制論は、分権の受け皿として構想されており、その性格は大きく異なります。

　道州制論のポイントは、現在の都道府県を廃止することが日本国憲法の下で許されるかにあります。憲法92条以下は、単に「地方公共団体」を置くことを定めているにとどまり、具体的にいかなる地方公共団体を置くべきかについては言及していません。現行法下では、普通地方公共団体として**市町村**と**都道府県**を置くこととされていますが（二層制、☞25頁）、この**二層制**が憲法上の要請であるか否かは、見解が分かれます。まず、基礎的自治体としての市町村については、廃止は許されないというのが定説です。しかし、都道府県については、①廃止しても憲法違反ではないという説と、②憲法を改正しない限り廃止することは許されないという説に分かれています。

　このように、日本国憲法下における道州制の許容性や具体的な道州制の内容については多くの議論がありますが、道・州の枠組み自体は、基本的に法律によって定められるべきと考えられています。

⑸　**地域主権論**

　「特区」構想や道州制論よりも、さらに地域の主張を地域の政治に取り込むべきとして提唱されているのが、地域主権論です。具体的には、法律の規定に真っ向から反する条例の効力を認める「上書き権」の創設などを含みます。地域主権論は、条例制定権は法律の範囲内で認められるとする憲法94条に違反するため、そのままのかたちで採用することは困難です。第一、わが国の主権は国民＝国家に存するのであって、地域に属するものではありません。

Chap. 3

自治体にはどのようなものがあるか

1 地方公共団体の種類

① 普通地方公共団体：都道府県、市町村
② 特別地方公共団体：特別区、地方公共団体の組合、財産区、合併特例区

　団体自治の担い手が、**地方公共団体**です。しかし、一口に地方公共団体といっても、数百万人の人口を擁する大規模な都市から小さな山村まで、一様ではありません。人口、面積、産業構造、財政規模など、地域の実情も異なります。小さい村が何から何まで自分たちのことは自分たちで決めようとしても限界があるし、逆に大都市であれば、国・都道府県からの関与を受けずに、自由に政策を遂行したいでしょう。

　地方自治法1条の3第1項は、地方公共団体を、**普通地方公共団体**と**特別地方公共団体**に分類します。普通地方公共団体とは、地域における事務を処理する団体のことで（法2条2項）、基礎的な普通地方公共団体である市町村（同条3項）と広域的な普通地方公共団体である都道府県（同条5項）が置かれています（法1条の3第2項）。普通地方公共団体は、「自治体」ともよばれます。

　これに対して、法が政策目的のために設けた特殊な団体が、特別地方公共団体です。特別地方公共団体には、**特別区、地方公共団体の組合、財産区**（以上、法1条の3第3項）、および**合併特例区**（市町村の合併の特例に関する法律26条）があり、その性格は様々です。

② 都道府県と市町村

⑴ 都道府県と市町村の二層制

　日本国内の区域は、必ず1つの**都道府県**と1つの**市町村**に帰属しています。
このように二重の自治体が置かれるしくみを、**二層制**とよびます。二層制が憲
法で保障された原則か否かは争いがありますが、少なくとも基礎的自治体であ
る市町村の制度を廃止することは許されないと考えられています。

⑵ 都道府県──広域的自治体

　都道府県は、市町村を包括する広域的自治体であり、地域における事務のう
ち、①広域にわたるもの（広域事務）、②市町村に関する連絡調整に関するもの
（連絡調整事務）、③その規模・性質において一般の市町村が処理することが適
当でないと認められるもの（補完事務）を処理するとされています（法2条5
項）。これらは、先に述べた地方との関係における国の役割とよく似ています。
おおむね、市町村では担いきれない事務について都道府県が補完する関係にあ
り、都道府県ですら担いきれない事務を国が補完する関係にあると理解すると
よいでしょう。

⑶ 市町村──基礎的自治体

　市町村は、住民に最も身近なところにある基礎的自治体です。市町村の間で

は、法的地位に差はありません。ただし、市になるためには、①人口5万人以上を有すること（ただし、「平成の大合併」で市に移行する場合は、3万人以上でよいとされていました）、②中心の市街地を形成している区域内にある戸数が全戸数の6割以上であること、③商工業その他の都市的業態に従事する者およびその者と同一世帯に属する者の数が全人口の6割以上であることという要件を満たす必要があります（法8条1項）。町となるための要件は、各都道府県の条例で定められています（同条2項）。

＊人口の少ない市町村（カッコ内は令和2年の国勢調査人口）

　人口5万人以上を有することが市になるための要件なのに、実際には5万人に大きく満たない人口の市も少なくありません。これは、最盛期に市となったものの、その後人口が減少したからです。北海道の歌志内市（2,989人）、夕張市（7,334人）、三笠市（8,040人）の人口が1万人を割り込んでいるのは、石炭産業の衰退で人口が減少したためです。

　人口の少ない町には、山梨県早川町（1,098人）、京都府笠置町（1,144人）、宮城県七ヶ宿町（1,262人）などがあります。いずれもかつては倍以上の人口があったのですが、過疎化によって人口が減少した山村です。沖縄県与那国町（1,676人）のような離島もあります。

　人口の少ない村の多くは、離島にあります。東京都の青ヶ島村（169人）、御蔵島村（323人）、利島村（327人）などは、同じ東京都なのに、23区と大きな開きがありますね。離島を除くと、早明浦ダムを擁する高知県大川村（366人）や奈良県野迫川村（357人）が有名です。

＊町を飛び越して市に？

　岩手県滝沢村は、盛岡市のベッドタウンとして人口が5万人を超えていたのですが、諸々の事情から長い間「村」のままとどまっていました。平成26年1月1日付けで市に移行して滝沢市となったのですが、町を飛び越して市制が施行された珍しいケースとして、話題になりました。なお、他に人口の多い村としては、沖縄県読谷村（41,206人）、茨城県東海村（37,891人）などが知られています。

③ 「平成の大合併」

① 明治の大合併（明治22年ころ）……300〜500戸、1村1小学校がめやす。
② 昭和の大合併（昭和28年ころ）……人口8,000人、1村1中学校がめやす。
③ 平成の大合併とは？

　さて、日本全国に自治体がいくら存在するか、ご存知でしょうか。都道府県が47あることは、常識でしょう。明治4（1871）年の廃藩置県によって江戸時代の藩が県に置き換えられてから、若干の統廃合を経つつ、19世紀の終わりには現在の47（都）道府県が確定し、現在に至っています。しかし、市町村がいくら存在するかについては、知らない人の方が多いのではないでしょうか。令和5年4月1日現在、わが国には792の市、743の町、183の村があり、合計すると市町村の数は1,718になります。村の数が非常に少ないことは、意外に思われるかもしれません。村が1つも存在しない県も、いくつかあります。

　しかし、市制町村制が施行される前年、明治21年の資料をみると、わが国には12,316の町と、58,998の村が存在していました（まだ市の制度が成立する前のことです）。このおよそ7万以上の町村は、江戸時代の藩政村から引き継いだ自然村です。自然村というのは、人為的な改編を加えずに自然に成立した人間の生活のまとまりのことです。前近代では、日本人のほとんどは農業に従事していたため、農業共同体のことと考えてかまいません。さて、この120年間で、全国で7万以上あった町村が、40分の1にまで減少したことになります。これは時代の要請に応じて、市町村合併が繰り返されてきたからです。

＊字（大字）

　地名の「字（大字）」とは、江戸時代以前の自然村の名残で、「字○○」と表記されます。町内会が組織されて、地域ごとの祭礼や小学校の集団登下校の単位になったりします。なお、この字の区域を新たに画し、廃止し、その名称を変更しようとすると

きは、議会の議決が必要となります（法260条１項）。
＊地縁による団体
　上記の町内会は、市町村から認可を受けることで「**地縁による団体**」となります（法260条の２）。地縁による団体は、法人格を有し、不動産所有権のような権利・義務の帰属主体となるなど、機能的には財産区と似ています（ただし、特別地方公共団体ではありません）。いっそのこと町内会に正面から公的性格を認めてはどうかと思われるかもしれませんが、町内会が住民の生活を厳しく監視・統制した戦前の苦い経験から、採用されていません。公的組織が私生活に干渉しすぎるのも考え物で、何でも公的性格を付与すればよいというものではないと思います。大阪高判平成19年８月24日判時1992号72頁・百選７は、地縁による団体の募金・寄付金徴収が、社会的に許容できる限度を超えた強制であるとして無効とされた事案です。

　特に地方出身の方は、中学生のとき、どんなに小さな町村であっても必ず１つは中学校が置かれていて、それに対応して小学校が１校〜２、３校は置かれていることを疑問に感じたことはないでしょうか。実は、市制町村制の施行（明治22年）に合わせて実施された「明治の大合併」では、１つの村に１つの小学校が設置できるように、300〜500戸を目安に合併がなされたといわれています。これにより、それまで７万以上あった町村は、市が39、町村合わせて15,820へと大幅に整理・再編されました。そして、戦後間もない時期に行われた「昭和の大合併」では、１つの町村に必ず１つは中学校が置かれることを意図して、およそ人口8,000人を目安に合併が行われました。「昭和の大合併」が一段落した昭和31年９月末には、市が498、町が1,903、村が1,574の計3,975となり、「平成の大合併」が行われるまでの50年余り、おおよそ日本には3,000余りの市町村が存在していたのです。

　「明治の大合併」も、「昭和の大合併」も、１つの町村に最低１つは小中学校を設置することを意図して行われたといわれています。したがって、都市部はともかく、いわゆる郡部では、「明治の大合併」で誕生した町村は小学校学区として、「昭和の大合併」で誕生した町村は中学校学区として、その名残が残っています。それだけ、近代日本にとって義務教育が重要な政策課題であり、市町村にとって相応の"体力"を要するしごとと認識されていたのです。それ

では、今世紀に入ってからの「**平成の大合併**」（平成11年以降の、市町村合併特例法（平成16年法律第59号／旧法：昭和40年法律第6号）による合併のこと）は、いかなる政策的意図から行われたのでしょうか。

　一言でいえば、「平成の大合併」が行われた意図は、平成11年から開始された分権改革による地方への権限移譲の受け皿とするべく、市町村の"体力"を強化しようというものでした。つまり、これまで国が責任をもって担ってきた事務を地方へと移譲するには、地方の側にも相応の政策立案・遂行能力が求められます。とりわけ、財政的能力は必須です。市町村の財政力は、おおむねその人口規模に比例します。人口規模を増やすためには、それまでの小さな市町村を合併によって統合して、大きな市町村（特に市）を増やす必要があります。指定都市や中核市といった大都市に関する特例も、市町村合併を推進するインセンティブとなります（旧法下では、合併特例債の発行が認められていました）。このような考え方が、「平成の大合併」の背景にはあったのです。

＊市町村の境界

　町村の区域については、郡区町村編制法（明治11年）、旧市制町村制（同21年）、新町村制（同44年）、地方自治法と、連綿と「従来の区域による」ことを定めています。そのため、今日における町村の区域は、法令に基づく境界の変更・確定の措置がとられていない限り、結局のところ、江戸時代のそれによることになります。

　最判昭和61年5月29日民集40巻4号603頁・百選10は、筑波山の北麓にある茨城県旧真壁町（現在の桜川市）と南麓にある旧筑波町（現在のつくば市）とが、法9条9項に基づいて、筑波山頂付近の境界について争った事案です。法9条1項は、市町村の境界について争いがあるときは都道府県知事の調停に付すると定めているのですが、筑波町からの申請がなかったため調停ができず、訴訟になりました（同条2項参照）。最高裁は、江戸時代における支配・管理・利用等の状況を調べ、おおよその区分線を知りうる場合にはそれを基準として、知りえない場合には、歴史的沿革に加え、明治以降における関係町村の行政権行使の実情、国・都道府県の行政機関の管轄、住民の社会・経済生活上の便益、地勢上の特性等の自然的条件、地積などを考慮の上、最も衡平妥当な線を見出してこれを境界と定めるのが相当であるとしました。

　関西国際空港のような人工島が誕生する際には、沿岸のいずれの市町村に帰属するかが問題となります。これは、当該市町村の固定資産税収入に大きく影響するためで

す。東京オリンピックの競技会場として設けられた人工島の帰属をめぐり、大田区と江東区が争った事案では、平成29年10月に東京都が「江東区86.2％、大田区13.8％」とする調停案をまとめたのに対し、東京地判令和元年9月20日判時2442号38頁は、その利用状況にかんがみると、「江東区79.3％、大田区20.7％」とするのが妥当であるとしました。

＊都道府県の境界

　都道府県の境界も、市町村の越境合併により変更されることがあります。平成17年に馬籠宿で有名な長野県旧山口村が岐阜県中津川市に合併したことで両県の境界が変更された件は、46年ぶりの越境合併として注目されました。

　この都道府県の境界、古代に定められた令制国のそれを基本としているのですが、旅行をしていると、実によくできていることに感心します。たとえば栃木県（下野国）の那須を越えて福島県（陸奥国）の白河に入ると、それまで晴れ晴れとしていた気候が、急にどんよりした曇り空になります。東北の曇り空の下で生まれ育った身としては、ふるさとに帰ってきたなあと、ホッとする瞬間です。このように県境で天候が変わるのは、多くの場合、令制国の境が山脈の分水嶺を基準として定められたためです。

　川端康成の「雪国」にあるように、国境を越える旅人は、気候や風土の変化を通じて、旅に出たことを実感します。気候や風土が異なれば、生活環境にも違いが出て、おのずと人の気質も異なってきます。わが国では、「名古屋市民」や「さいたま市民」といった「市町村民」としての意識にさほどの特色はないのに、「県民性」には何らかの特色があるように思われるのも、この事情と無関係ではないと思います（かつての令制国が合併して1つの県になったところなどは、旧令制国ごとに気質が違ったりします）。気象衛星やGPSもなかった時代に、昔の人は、実にうまく国境を定めたものですね。

④　合併のメリットとデメリット

(1) 市町村合併が推進された背景

　市町村合併が推進された背景には、市町村を大規模にすることで、人口や税収を増やし、その財政力を強化しようというねらいがありました。財政力とは、市町村の「体力」です。つまり、市町村の「体力」が強化されれば、市町村の行うことのできる事務や権限が増えます。国から移譲される事務・権限の受け皿となる市町村の体力は、大きければ大きい方が望ましいという意図から、市町村合併が推進されたのです。これは、「自分たちのことは自分たち自身で決

める」という自治の思想にも合致します。

　国からしても、市町村が分権の受け皿となってくれることで、自身の事務を
減らすことができれば、経費の節減に繋がります。そこで、旧合併特例法下で
は、合併特例債の発行を認めることで、国も政策的に「平成の大合併」を誘導
しました。

　市町村合併を行う際には、関係市町村からの申請に基づき、都道府県知事が
当該都道府県議会の議決を経てこれを定め、総務大臣に届け出て（法7条1項）、
総務大臣がその旨を告示することで効力が生じます（同条7項・8項）。

> **＊住民からの市町村合併処分取消訴訟**
> 　最判昭和30年12月2日民集9巻13号1928頁・百選13は、住民が法7条1項に基づく
> 知事の処分の取消しを求めた事案について、住民には訴えを提起する法律上の利益
> （行政事件訴訟法9条1項）がないとして、訴えを却下しました。

(2)　合併の問題点

　しかし、合併はよいことばかりではありません。もともと自治が要請される
のは、市町村が住民にとって最も身近な（距離が近い）団体であったためです。
つまり、住民にとって最も身近な団体が住民のことについて決定することこそ
が、住民の福利増進のために最も役立つと考えられたからでした。ところが、
市町村の規模が大きくなることで、この前提が崩れるおそれが生じてきます。

　東日本大震災では、「平成の大合併」で吸収され、消滅した市町村の区域に
おいて、災害への初動対応・復興事業の遅れが指摘されています。たとえば、
宮城県石巻市と合併して消滅した旧河北町、雄勝町、北上町、牡鹿町の中心部
は、なかなか復旧・復興の目途が立っていません。これが独立した市町村であ
る場合には、どんな小さな市町村であっても——それが小さな市町村であるか
らこそ——自分たちの市町村の中心市街地を何としても復興しようと力を注ぐ
でしょう。しかし、合併して市町村としてのまとまりを失うと、政治的発信力
が低下して、かつての中心市街地の復興は後回しにされてしまいます。市町村
の「体力」が強化されても、地域からの声が行政に届かなくなったのでは、元

図2　合併のメリットとデメリット

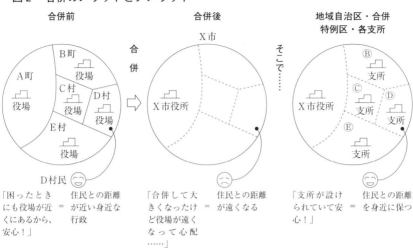

も子もありません。

　このような問題が生じた原因について、市町村合併が地方の発案で行われた ものではなく、国主導で行われたことを挙げる意見があります。たしかに、こ れまでの国の権限を地方に移譲する際に、地方に相応の「体力」が備わってい ないと不安であると懸念され、その懸念を払拭するために、国主導で行われた のが「平成の大合併」であったという側面は否定できません。ともあれ、いま から合併した市町村を解体するわけにもいかないので、前向きに、これからで きる施策を考えていく必要があると思います。

＊旧来の地名の価値

　「平成の大合併」によって新設された市町村名には、首を傾げたくなるようなもの が少なくありません。これは、「明治の大合併」以前の町村の名残である字を解消す る場合についても同様で、「青葉台」「緑が丘」といった没個性的な地名が全国に生ま れています。

　しかし、地名とは、そこに暮らした先人たちの血と汗の結晶です。災害のたびに明 らかになるように、地名には津波、洪水、土砂崩れといった災害からの備えについて

の知恵が凝縮されています。住居表示に関する法律9条の2は、「市町村は、由緒あ
る町又は字の名称で住居表示の実施に伴い変更されたものについて、その継承を図る
ため、標識の設置、資料の収集その他必要な措置を講ずるように努めなければならな
い」と定めています。

　ところが、最判昭和48年1月19日民集27巻1号1頁・百選14は、個人が特定の町名
を自己の居住地等の表示に用いる利益不利益は事実上のものにすぎず、法律上の利益
（行政事件訴訟法9条1項）としては認められないとしています。

⑶　問題点の克服のために

　このジレンマを解消するためには、合併後の市町村が各自の創意工夫によっ
て住民との距離が遠ざかりすぎないようにするなどの努力が求められます。旧
市町村の役場跡には新市町村の支所（法155条）が設けられている（建物もその
まま転用されている）ことがほとんどで、こうした支所機能を充実させることで、
新たな市町村においても旧市町村の区域に細かい目配りを及ぼすことが可能と
なるでしょう。しかし、新市町村の予算や人員の削減もあって、支所機能をい
つまで維持できるかは、難しい課題です。

＊旧市町村の資料保存の問題

　支所には、旧市町村の歩みを記録した貴重な資料も保存されています。しかし、予
算や人員の都合から、死蔵品になってしまったり、廃棄されることも少なくありませ
ん。他方、これらの資料は、貴重な歴史の証人であると同時に、かつての差別の歴史
が刻まれている場合もあるため、慎重な取扱いが求められます。

---

⑤　特別地方公共団体

⑴　政策的見地からつくり出された地方公共団体

　特別地方公共団体というのは、普通地方公共団体とは異なり、法が政策的見
地からつくり出す特殊な地方公共団体のことです。①都の内部で市町村に代替
する機能をもたせた特別区、②普通地方公共団体が共同事務処理のために協力
し合う組合、③従前の村落共同体等のまとまり（ないし共同財産）を合併後にも
残すことを意図した財産区や合併特例区のグループに整理されます。

(2)　特　別　区

　特別区とは、都の区のことを指し、現在、東京23区が設けられています（法281条1項）。したがって、東京都の千代田区、文京区、新宿区などは、普通地方公共団体ではなく、特別地方公共団体です。とはいえ、特別区は、基本的に市と同じ権能・組織を有しています（法281条2項。法283条1項で、市に関する規定が包括的に準用されます）。特別区と都の関係も、人口が高度に集中する大都市地域であるという特性を除けば、市町村と道府県の関係に準じています（法281条の2）。戦前、現在の東京23区の区域には東京市が置かれていましたが、昭和18年、戦時法制としての東京都制の施行により廃止されました。東京都と特別区の関係は、簡単にいえば、従来の東京市の権能の一部（上下水道、消防など）を東京都に吸い上げて（多摩地域と島嶼部については他の道府県と同じです）、残った権能を特別区に配分するしくみなのです。また、特別区間の財源の均衡化のために、法人住民税と固定資産税については都が賦課・徴収するとともに特別区財政調整交付金として各特別区へと交付されます（法282条）。

　＊特別区は憲法上の「地方公共団体」か
　特別区が憲法上の「地方公共団体」として認められれば、住民の直接選挙が保障されるだけではなく、法律レベルで改廃することも許されなくなります。最大判昭和38年3月27日刑集17巻2号121頁・百選2は、憲法上の「地方公共団体」というためには、事実上住民が経済的文化的に密接な共同生活を営み、共同体意識をもっているという社会的基盤が存在し、沿革的にみても、また現実の行政の上においても、相当程度の自主立法権、自主行政権、自主財政権等地方自治の基本的権能を付与された地域団体であることを必要とするとし、東京都の特別区は未だ市町村のごとき完全な自治体としての地位を有していたことはなく、そうした機能を果たしたこともなかったとして、憲法上の「地方公共団体」とは認められないとしました。ですが、現在の東京23区は、昭和30年代とは異なり、区長が公選制になるなど、全体的なしくみが普通地方公共団体（特に市）に近づいているだけでなく、住民も経済的文化的に密接な共同生活を営み、共同体意識を有しているといってよいと思います。
　＊指定都市の区
　特別区が特別地方公共団体であるのに対して、指定都市の区（横浜市の神奈川区、保土ケ谷区、港北区など）は単なる行政区であり、法人格をもちません。区長も公選

ではなく、市役所の職員が就任しています。

＊「大阪都」構想

　現在、特別区のしくみが適用されているのは東京都だけですが、地方自治法上は東京都に限らず適用されます。道府県の区域内において関係市町村を廃止し、特別区を設けるための手続を定めた「大都市地域における特別区の設置に関する法律」（平成24年法律第80号）が制定されたことで、にわかに現実味を帯びたのが、**「大阪都」構想**です。二度の住民投票は否決されましたが、「大阪都」構想が実現すれば、現在の大阪市は廃止され、大阪市が担ってきた事務は「大阪都」へと移管されます。また、その「区」は単なる行政区ではなく、東京23区と同様の特別区になります。

⑶　地方公共団体の組合

　普通地方公共団体・特別区は、その事務を共同処理するために**地方公共団体の組合**を設けることができます（法284条）。要するに自治体同士の連携を、組合というかたちで組織化したものです。地方公共団体の組合には、**一部事務組合と広域連合**とがあり、特別地方公共団体として法人格をもちます（かつては、この他に全部事務組合と役場事務組合があったのですが、近年の利用実績がなかったため、廃止されました）。地方公共団体の組合は、従来の市町村の枠組みを崩さずに、連携が必要な事務についてのみ連携を行うしくみですので、北海道や長野県のように人口の少ない市町村が残っている地域に多くみられます。

図3　地方公共団体の組合

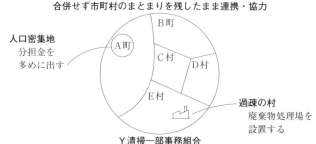

合併せず市町村のまとまりを残したまま連携・協力

人口密集地
分担金を
多めに出す

A町
B町
C村
D村
E村

過疎の村
廃棄物処理場を
設置する

Y清掃一部事務組合

＊特別地方公共団体を設置せずに地方公共団体間で協力する
のが協議会、機関等の共同設置、連携協約（☞59頁以下）

⑺　**一部事務組合**

　自治体同士が、一般廃棄物処理、上水道、消防、病院、職員の採用、研修、退職手当の支給など、その事務の一部を共同処理するために設置するのが、**一部事務組合**です（法286条以下）。廃棄物の広域処理ならば、ごみ処理場を共同で整備・管理運営することができるなど、共同処理には多くのメリットがあります。利用実績は多く、全国に約1,500の一部事務組合が設けられています。

　東京23区がすべて加入する東京二十三区清掃一部事務組合（可燃ごみ・し尿の共同処理）は東京都心の公衆衛生に、神奈川県、横浜市、川崎市、横須賀市が加入する神奈川県内広域水道企業団は神奈川県の水道供給に、それぞれ大きな役割を担っています。大規模なものでは、250以上の地方公共団体が構成する北海道市町村総合事務組合があります。その構成団体の数が多いのは、北海道のほとんどの市町村・特別地方公共団体が加入しているからです。港湾管理を行う境港管理組合（島根県、鳥取県）、有明フェリーを運航する有明海自動車航送船組合（長崎県、熊本県）など、2つの県で構成されるものもあります。

　一部事務組合が担う事務は多岐に及んでおり、水防事業（埼玉県久喜市など5団体がつくる利根川栗橋流域水防事務組合など）、恩賜林の管理（山梨県北杜市と長野県富士見町がつくる八ヶ岳山恩賜県有財産保護組合など）、火葬場（東京都武蔵村山市など5団体がつくる瑞穂斎場組合）、博物館の管理（山梨県笛吹市と甲州市がつくる釈迦堂遺跡博物館組合）などがあります。一部事務組合立の学校というのもあり、高知県宿毛市（すくも）と愛媛県愛南町（あいなんちょう）がつくる高知県宿毛市愛媛県南宇和郡愛南町篠山（ささ）小中学校組合が設置・管理する高知県宿毛市愛媛県南宇和郡愛南町篠山（やま）小中学校組合立篠山小学校は、日本一長い校名の小学校として知られています。

⑻　**広　域　連　合**

　自治体同士が事務の広域処理を行うために設置するのが、**広域連合**です（法291条の2以下）。広域連合が設立されると、速やかに議会の議決により広域計画が策定され、構成団体には広域計画に基づく事務処理が求められるようになります（法291条の7）。一部事務組合とは異なり、広域連合の場合は、構成する市町村の事務ではない事務を共同処理することが認められています。国や都

道府県から、直接、事務処理の権限を移譲されることも予定されています（法291条の2参照）。

　最も構成団体が多いのは、長野県と同県内の全市町村で構成される長野県地方税滞納整理機構で、実に78の地方公共団体が加わっています。後期高齢者医療広域連合は、法律（高齢者の医療の確保に関する法律48条）で設置が義務付けられていることもあり、47都道府県すべてに設置されています。関西地域の府県・有力な市町村が加入した関西広域連合は、国からの権限移譲の受け皿として、大きな期待が寄せられています。

　広域連合の議会の議員は、構成団体の議会の議員・長による間接選挙か、広域連合の区域内に住所を有する者による直接選挙で選ばれます（法291条の5）。ただし、住民の直接選挙を採用した例はまだありません。また、住民の直接請求が認められるなど（法291条の6）、住民参加が強化されています。

(4)　財産区・合併特例区

(ア)　財　産　区

　市町村内の財産管理（山林、原野、用水池・沼地、墓地、温泉など）のために設置される団体が、**財産区**です（法294条）。山林・原野が「財産」として挙がっているのは、電気や石油エネルギーの利用が進んでいなかった時代においては、山林・原野から薪を集めて燃料にしていたからです。財産区のほとんどは、江戸時代以前の自然村における入会の慣行を市町村合併以後も残すために設置されたもので、全国に4,000前後も存在します（ただしそのほとんどは大阪府あるいは兵庫県にあります）。財産区は特別地方公共団体ですので、権利能力を有するのですが、これは民法上、極めて大きな意味をもちます。というのも、財産区でないものは権利者全員の総有になりますので、財産管理を行っている組合は「権利能力なき社団」として取り扱われるにとどまり、たとえば組合名義での登記ができないからです（便宜上、代表者の名義で登記したりするのですが、何代も経ってから権利関係の争いになることが少なくありません）。

㈑　合併特例区

　従来の市町村の区域には、合併後の一定期間、**合併特例区**を置くことができます（市町村合併特例法26条）。合併特例区は、特別地方公共団体です（同法27条）。「平成の大合併」から年月が経ち、合併特例区はすべて解消しました。

＊地域自治区

　合併特例区に類するしくみとして、**地域自治区**があります（法202条の４以下）。ただし、特別地方公共団体ではないので、法人格はもちません。合併前の市町村の区域を残すことで、住民に最も身近な存在としての役割を担ってもらう趣旨です。指定都市でもないのに、合併後に「○○市○○区」とよばれるようになったのは、この地域自治区です。地域自治区は、恒久的に設置することが予定されており、役割的には、支所機能と似ています（参照、同条２項・４項）。地域自治区には地域協議会が置かれ、その構成員は市町村長が選任するのですが、選任に当たっては、住民の多様な意見が適切に反映されるものとなるよう配慮しなければなりません（法202条の５）。

㈒　財産区や合併特例区（地域自治区）の政策目的

　財産区、合併特例区、地域自治区は、合併以後も従来の市町村のまとまりを一定程度残すという目的の下に設けられた点で似ています。大まかには、明治の大合併のときに用いられたのが財産区で、平成の大合併のときに用いられたのが合併特例区・地域自治区であると理解すればよいでしょう。住民に関する事務が最初に市町村に任されるのは、住民との距離がいちばん近い市町村こそ、住民のニーズを最も的確に把握できるからでした（補完性の原理）。合併により、たしかに個々の市町村の体力は増加するけれども、住民との距離は遠くなります。そこで、それまでの市町村が有していた住民との密接な距離を維持するために、財産区、合併特例区、地域自治区が活用されるのです。市町村の中に置かれる支所も、同様の機能を果たしています。

Chap. 4

自治体の住民

■1 「住民」とは

(1) 「住民」とは

　市町村の区域内に住所を有していさえすれば、その市町村およびこれを包括する都道府県の**住民**として認められます（法10条1項）。自然人の場合、「**住所**」とは、その生活の本拠のことです（民法22条）。「**生活の本拠**」は、（客観的な）居住の実態と（主観的な）居住の意思を総合的に考慮して決められます。したがって、住民として認められるためには、その市町村の区域内に居住の意思をもって居住していればよいのです。外国人であっても、住民として認められます。横浜市内に住もうと思って実際に住んでいれば、横浜市民であり、神奈川県民なのです。住民となるために許可や登録といった行為が不要であることは、国民となるために帰化（国籍法4条）の手続が必要であることと比較すると、大きな違いといえます。

> **＊法人の住民**
> 　法人も、主たる事務所の所在地の住民です（一般社団法人及び一般財団法人に関する法律4条）。会社ならば、本店の所在地の住民になります（会社法4条）。

(2) 住民基本台帳

　市町村は、住民の地位に関する正確な記録を常に整備しておく必要があることとの関係から、自身の住民を**住民基本台帳**に記録しておかなければなりません（法13条の2）。住民の氏名、生年月日、性別、住所などを個人別・世帯別に記載したものが**住民票**であり、それをまとめたものが住民基本台帳です。ところで、住所が客観的な居住の実態と主観的な居住の意思によって決められるの

だとしたら、市町村の住民基本台帳に住民として記載されることの意味はどこにあるのでしょうか。

　あなたが市町村の職員として、その住民全員に通知を郵送しなければならない局面を考えてみるとよいでしょう。住民1人ずつ、居住の実態と居住の意思を確かめていたら、大変な手間です。住民がみんな顔見知りの小さな村ならばともかく、人口が数万人になってしまえば、もうお手上げですよね。

　ここで、住民基本台帳に記録されている「住民」に対して郵送すれば済むとしたら、どんなにか便利なことでしょう！　住民基本台帳への記載は、行政として具体的に誰を「住民」として扱えばよいかを把握するために役立つのです（住民基本台帳に記録された住所は、地方自治法上の「住所」として推定されます）。したがって、市町村としては、選挙や納税の通知などは、住民基本台帳に記載されている者に送れば、ひとまずその事務を行ったことになるのです。

＊戸籍

　戸籍は、個人の身分関係を示すために世帯単位で作成される公文書のことです。日本国民は、出生により氏名、生年月日等の記載とともに親の戸籍に入ります（戸籍法13条・18条参照）。戸籍は婚姻により新しく編製され（同法16条1項）、その記載は、養子縁組、子どもの出生など、世帯の構成が変わるたびに追加されます（同法18条）。人の移動が制限されていた前近代には、戸籍に記載されている者がそこに住んでいる人間と一致していました。しかし、産業の発展に伴って人の移動が盛んになると、戸籍と居住の実態は著しくかけ離れるようになりました。大正4年に施行された寄留法は、90日以上本籍地を離れて暮らす者の居住の実態を行政が把握するための過渡的なしくみでした。

　昭和27年に住民登録法（現在の住民基本台帳法）が施行されて、行政サービスの対象とすべき住民の把握は住民票を通じて行うしくみに切り替わりました。そのため、現在では、戸籍は日本国民であることと血縁関係の証明くらいにしか用いられず、その比重は低下しています（私も、大人になってからは、パスポートを申請したときくらいしか利用した記憶がありません）。数年前、100歳を超過した所在不明の高齢者の戸籍が全国で見つかりましたが、戸籍の記載が実態とかけ離れていても実際上あまり問題はないことをかえって明らかにしたともいえます（すでに他界している高齢者の年金不正受給は、戸籍ではなく、住民基本台帳の虚偽記載の問題です）。

　戸籍事務は、市町村長が行う第1号法定受託事務とされています（戸籍法1条）。

なお、戸籍と住民票を繋げるのが戸籍の附票で、附票には現住所と転居履歴が記載されます（住民基本台帳法16条1項・17条3号）。

＊国勢調査

　国内の人口および世帯の実態を把握し、各種行政施策その他の基礎資料を得ることを目的として5年に1度行われる統計調査が、**国勢調査**です。国勢調査が必要なのは、住民基本台帳では、親元を離れて下宿している学生など、実際にはそこに住んでいるのに住民票を移していない者の実態を把握することができないからです。学園都市として知られる東京都八王子市の場合、令和2年9月末日の住民登録者数が561,872人であったのに対して、同年10月1日の国勢調査人口は579,355人でした。国勢調査は、日本の人口や産業構造など現状把握や将来予測の基礎資料となり、選挙区の区割りや地方交付税の算定などに活用されています。なお、国勢調査に関する事務は、都道府県・市町村の第1号法定受託事務です（国勢調査令16条）。

＊外国人の住民登録

　以前は、わが国に90日以上滞在する外国人は外国人登録を受ける必要がありましたが、平成24年から、外国人も日本人と同様に、住民基本台帳に住民として記載されることになりました。浜松市には、約2万人（人口の2.6%）の外国人住民がいることで知られています。市町村人口に占める外国人住民の割合が高いのは群馬県で、伊勢崎市に14,045人（6.6%）、太田市に12,091人（5.4%）、大泉町に8,215人（19.7%）、前橋市に7,612人（2.3%）、高崎市に6,252人（1.7%）となっています（令和4年12月末）。いずれも、南米・東アジア系の労働者が多いようです。

＊オウム真理教信者の転入届

　名古屋市中区長が、オウム真理教の信者から提出された転入届を、「地域の秩序が破壊され住民の生命や身体の安全が害される危険性が高度に認められるような特別の事情がある」として不受理とした事案において、最判平成15年6月26日判時1831号94頁・百選16は、届出事項に係る法定事由以外の事由を理由として転入届を受理しないことは許されず、市町村長は、新たに転入届があった場合には、その者が当該市町村の区域内に住所を定めた事実があれば、住民票を作成しなければならないとしました。居住の実態と居住の意思があれば「住民」として扱われるという原則からは、論理的な帰結といえます。

＊ホームレスの「住所」

　都市公園にテントを張って生活しているホームレスが、テントの所在地を住所として転居届を提出したところ、大阪市北区長から不受理とされたため、その取消しを求めたという事案において、最判平成20年10月3日判時2026号11頁・百選11は、「都市公園法に違反して、都市公園内に不法に設置されたキャンプ用テントを起居の場所とし、公園施設である水道設備等を利用して日常生活を営んでいる」場合には、「社会

通念上、上記テントの所在地が客観的に生活の本拠としての実体を具備しているものと見ることはできない」として、訴えを退けました。客観的な居住の実体に「社会通念」を持ち込むのは妥当なのか、考えてみましょう。

⑶　住民基本台帳ネットワーク

　平成11年の住民基本台帳法改正で、行政機関等に対する本人確認情報の提供や市町村の区域を越えた住民基本台帳に関する事務の処理を行うために、市町村共同のシステムとして、各市町村の住民基本台帳のネットワーク化が行われました。このしくみを、**住民基本台帳ネットワーク（住基ネット）**とよびます。これにより、どの市町村からでも、全国サーバを通じて本人確認情報を取得することが可能となり、飛躍的に便利になりました。プライバシー権との関係が問題となりましたが、最判平成20年3月6日民集62巻3号665頁・百選22は、住基ネット上で提供される氏名・住所といった本人確認情報は、それ自体としては秘匿性の高いものではなく、従前から住民基本台帳上で管理・利用されているから、住基ネットは、憲法13条が保障するプライバシー権を侵害するものではなく、合憲であるとしています。

＊マイナンバー法制
　社会保障、税、災害対策の分野で、行政が効率的に国民の情報を管理・活用するために、**番号法**（平成25年法律第27号）が制定されました。住民票を有する国民1人1人に識別番号を付与する、いわゆるマイナンバー法制です。**マイナンバー法制**には、①国民1人1人の所得や他の行政サービスの受給状況を把握しやすくなるため、脱税や不正受給が防止される、②添付書類の削減など行政手続が簡素化され、国民の負担が軽減される、③行政が様々な情報の照合、転記、入力などに要している時間・労力が大幅に削減される（行政の効率化）といった効果が期待されています。その反面、マイナンバーで不必要なところまで名寄せしたり、情報が漏えいして不正に利用されてしまえば、個人のプライバシーが著しく毀損される可能性が高まるので、個人情報保護の観点から、慎重な取扱いが求められています。
＊仮の町
　平成23年3月の東京電力福島第一原子力発電所事故による避難を強いられた地域、特に帰還困難区域や居住制限区域に指定された町村の住民について、元の役場機能は維

持しながら、他の市町村（いわき市など）に集団居住するという構想が、「仮の町」です。これは、原発事故避難住民事務処理特例法（平成23年法律第98号）が、避難住民に係る事務を避難先の自治体で処理しうるという特例を設けていることとも関係します。「仮の町」および特例法は、区域内に生活の本拠を置くという「住民」概念からみると、極めて例外的な位置付けです。たしかに、東京都の大島町や三宅村、新潟県の旧山古志村が経験したような数か月～数年単位の避難生活の場合には、他の市町村の区域内に役場機能ごと一時的に移り住むことにも合理性があると思います。しかし、避難生活が数十年の長きにわたり、将来の見通しがつかない場合はどうするかとなると、近代日本が直面したことのない困難な問題です。なお、東京都青ヶ島村は、天明5（1785）年の島の大噴火による全島避難から40年を経て「還住」を果たした歴史があります。この日本で最も小さな村の経験から、なにか学ぶことはできないでしょうか。

② 住民の権利

(1) 選 挙 権

満18歳以上の「日本国民たる普通地方公共団体の住民」には、**選挙権**（法11条、公職選挙法9条2項）が付与されます。**外国人住民への地方参政権付与**の可否については、様々な考え方があります。(a)賛成説は、①国政選挙について定める憲法15条は「国民」であるのに対し、地方公共団体の選挙について定める憲法93条2項は「住民」と書き分けていること、②定住している外国人住民の中には地域の実情に精通している者もおり地域のこともよく考えているし、公租公課を支払うなど相応の負担を行っていることなどを根拠とします。(b)反対説は、①地方政治であっても国政に重大な影響を及ぼす場合があり、わが国の行く末を外国人が決することになりかねないこと、②無資力で税金をほとんど支払っていない日本人でも選挙権は認められるのであり、公租公課の負担という指標は決定的ではないことなどを挙げています。

最判平成7年2月28日民集49巻2号639頁・百選15は、国民主権の原理および地方公共団体がわが国の統治機構の不可欠の要素を成すものであることにかんがみれば、憲法93条2項にいう「住民」とは、地方公共団体の区域内に住所を有する日本国民を意味するものであり、わが国に在留する外国人に対して、

地方参政権を保障したものではないとしました。その一方で、最高裁は、外国人であっても永住者等であってその居住する区域の地方公共団体と特段に緊密な関係をもつに至ったと認められるものについては、法律で選挙権を付与することも憲法上禁止されていないとして、含みをもたせています。最終的には立法政策の問題だというのです。

　どのように考えるべきでしょうか。主権が国民にあること（国民主権）は疑いようがなく、国政選挙の投票資格は、国民にしか認められません（憲法15条1項）。これと、どの程度「地方公共団体がわが国の統治機構の不可欠の要素を成すものであること」が強調されるべきかという問題でしょう。私は、地方公共団体が国政にとって不可欠な存在であると考えるほど、外国人参政権の導入には慎重さが求められると思います。選挙権は国籍と結び付けるのが簡明であり、外国人住民の政治への参画は、国籍取得を容易にすることで実現すべきでしょう。

⑵　直接請求権

　住民には、代表制民主主義（間接民主制）を補う趣旨で、各種の**直接請求権**が認められています。

㋐　**条例の制定・改廃の請求**

　住民は、選挙権者総数の50分の1以上の者の連署をもって、長に対し**条例の制定・改廃の請求**をすることができます（法12条・74条。地方税や分担金、使用料、手数料の徴収に関わる条例が除かれているのは、税金を安くしてくれという請求が相次ぐことを防ぐためです）。ただし、住民からの直接請求で直ちに条例が制定・改廃されるわけではなく、最終的な制定・改廃の決定は議会の権限です。直接請求が最終的に条例の制定・改廃まで結び付いた例は1割に満たないようです。とはいえ、洗剤の使用禁止を求める条例や住民投票の実施を求める条例の制定請求は、これまで地方政治に大きな刺激を与えてきました（☞123頁）。

㋑　**議会の解散請求**

　議会の解散請求は、住民の代表者が選挙権者の3分の1以上（有権者数が40

万人を超える場合、40万人を超える部分は6分の1、80万人を超える場合、80万人を超える部分は8分の1）の者の署名を集めて、選挙管理委員会に対して議会の解散を請求することで行われます（法76条）。署名の有効性の確認後に住民投票が行われ、投票で過半数の同意があったときは、議会は解散し、議員もその身分を失います（法78条）。ただし、選挙の日および解散投票の日から1年間は、解散請求を行うことはできません（法79条）。これは、短期間で解散請求が繰り返されることにより、政治が不安定になることを防ぐためです（☞143頁）。

（ウ）　解　職　請　求

（a）　議員の解職請求　　住民は、議会の解散だけではなく、個別の議員を対象としてその解職を求めることもできます（法80条）。**議員の解職請求**に係る手続は、議会の解散請求の場合と同様です。東洋町解職請求事件（最大判平成21年11月18日民集63巻9号2033頁・百選26）では、農業委員会の委員について解職請求代表者の資格を厳しく制限していた地方自治法施行令の効力が争われました。

（b）　長の解職請求　　住民は、**長の解職請求**を行うことも認められています（法81条）。その手続も、議会の解散請求の場合と同様です（☞148頁）。

（c）　副知事・副市町村長、各種委員会委員の解職請求　　副知事・副市町村長、各種委員会委員の解職請求については、請求の宛先が自治体の長であり、解職の可否を決するのが議会となる点で異なります（法86条）。

（エ）　事務監査請求

　事務監査請求は、監査のしくみと合わせて説明します（☞160頁）。

⑶　**役務の提供を等しく受ける権利**

　住民は、自治体の役務の提供を等しく受ける権利を有しており（法10条2項）、特に公の施設の利用権について、このことが明確にされています（☞182頁）。

３　住民の義務

　住民には、地方税（☞112頁）、分担金、使用料、手数料、受益者負担金を負担する義務が課せられています（法10条2項）。**分担金**とは、特定事件の経費に

充てるために、その受益者から受益の限度で徴収するお金などのことです（法224条）。最判平成29年9月14日判時2359号3頁・百選65は、工業用水道の廃止負担金について、「分担金」には当たらないとしました。**使用料**とは、行政財産の目的外使用（☞175頁）や公の施設の利用（☞182頁）などに際して徴収するお金のことです（法225条）。具体的には、体育館や市民プールの利用料、公営住宅の家賃などです。なお、公立学校の授業料も使用料とされています。**手数料**とは、住民票の写し、戸籍謄本、印鑑証明などの証明書の発給や各種申請に要する経費のことです（法227条）。

4　住民参加・住民投票

(1)　住 民 投 票

　住民投票とは、住民が直接投票により、重要な政治・行政上の課題に関する意思を表明することです。住民投票は、①憲法上の根拠を有する地方自治特別法の制定（憲法95条）、②法律上の根拠を有する直接請求（法76～85条）の場合以外に、③条例上の根拠に基づき行われる場合——住民投票条例を制定した上で住民投票が行われる場合があります。①②が法的拘束力を有することは争いありません。

> ＊地方自治特別法
> 　一の自治体のみに適用される特別法（**地方自治特別法**）は、その自治体の住民投票で過半数の同意を得なければ、制定することができません（憲法95条、法261条・262条）。住民の意見を聞かずに特定の自治体に不当な義務を押し付けてはならないからです。戦後間もない時期には、広島、長崎、旧軍港を平和都市に転換するために、15本の地方自治特別法が制定されたのですが、ここ半世紀ほど実績がありません。これは、政府の解釈で、単に特定の自治体の区域に規制が及ぶだけでなく、特定の自治体に特別の義務を課す法律のみが「地方自治特別法」として住民投票を要するとされたためです。

(2)　条例に基づく住民投票

　近年の動きとして、③制定された住民投票条例に基づく住民投票（条例に基

づく住民投票）が注目されています。特に、米軍基地の移設、産業廃棄物最終処分場の設置、原子力発電所の設置など、地域にとって重要な問題に対して、条例に基づく住民投票が行われるようになりました。

　条例に基づく住民投票の実施には、賛否両論があります。(a)賛成論者にとっては、直接民主主義こそが理想であり、住民投票は、本来の姿である直接民主主義を実現する手法として、高く評価されます。これに対して、(b)否定論者は、現行法が代表制民主主義を採用している以上、重要な政策決定は長や議会の権限であり、重要な課題が生じるごとに住民投票の結果に委ねるのは長や議会の責任放棄に等しく、代表制民主主義を形骸化させてしまうものであるとして、住民投票に懐疑的です。

　平成8年に新潟県旧巻町（まきまち）（現在は新潟市に合併）で原発建設の是非が住民投票にかけられたのを皮切りに、その翌年に岐阜県御嵩町（みたけちょう）（産廃処分場建設の是非）と沖縄県名護市（海上ヘリポート建設の是非）、平成12年に徳島市（吉野川可動堰建設の可否）、その翌年に新潟県刈羽村（かりわむら）（原発プルサーマル計画導入の是非）、平成18年に山口県岩国市（在日米軍再編に伴う空母艦載機移転受入れの是非）において、条例に基づく住民投票が行われました。平成31年2月に米軍基地の移設をめぐり沖縄県で行われた住民投票は記憶に新しいと思います。

　条例に基づく住民投票を実施する場合には、次の諸点についてどうするか、解決する必要があります。

・誰の発案で実施するか（一定割合以上の有権者の請求か、長・議会の発案か）

・住民投票の資格者をどうするか（定住外国人や未成年者に投票資格を与えるか）

・投票率が低い場合にどうするか（あまりに投票率が低いと民意を反映しない）

・選択肢をどのように提示するか（二者択一か、賛成・反対・条件付き反対などを設けるか）

・どのような多数決とするか（単純多数決か特別多数決か）

---

(3)　条例に基づく住民投票の拘束力

　条例に基づいて住民投票が行われた場合、その投票結果には、どのような効果が認められるのでしょうか。これまで各地で制定されてきた住民投票条例は、**投票結果に拘束力を認めない諮問型**とよばれるものでした。すなわち、長や議会は、投票結果を尊重しなければならないという「尊重義務」は課されても、投票結果に従う法的義務まではありませんでした。

　このように、住民投票が拘束力を有さない場合、最終的に投票結果と異なる施策が実行される可能性は否めません。しかし、住民投票に法的拘束力をもたせることには、否定的な見解が支配的です。それは、憲法の採用する代表制民主主義に違反するからです。名護市海上ヘリポート受入れ住民投票事件について、那覇地判平成12年5月9日判時1746号122頁・百選24は、住民投票の法的拘束力を否定しています。

　住民投票というのは、単一争点のみを設定して、直接民主主義的な方法で政策の針路を決定する方法です。一見すると好ましいようにも思えますが、政治とは、妥協と利害調整の過程にほかなりません。ある面で不利益を甘受しても（廃棄物処分場の受入れ）、それと引換えに他の面で利益を得られる（補助金が交付され、産業振興策が採られる）わけで、物事は単一争点で解決できるほど単純ではありません。だからこそ、代表者に任せて政策を遂行するという、代表制民主主義が採用されているのです。大局に立った政策の遂行は、長や議会など、住民の代表である政治家が責任をもって行うべき事柄です。住民投票の結果に反する施策に不満がある場合には、法的責任ではなく、解職請求や解散請求（ひいては次回の選挙）によって長や議会の政治的責任を追及するのが筋でしょう。

(4)　その他の住民参加のしくみ

㋐　請　　願

　憲法16条は**請願権**を保障しており、これは自治体においても同様です。つまり、住民には、損害の救済、公務員の罷免、条例の制定・改廃等について、平

穏に請願する権利が認められています。議会に請願するときは、議員の紹介により請願書を提出して行います（法124条）。議会が請願を採択したときは、関係機関にこれを送付し、その請願の処理の経過と結果の報告を請求することができます（法125条）。実務では、議員の紹介によるものを請願、そうでないものを陳情として区別し、請願は必ず受理しなければならないのに対して、陳情は受理しなくても違法でないそうです。しかし、無理筋なものを除いて、住民の要望にできるだけ耳を傾けるべきことはいうまでもありません。

(イ)　パブリック・コメント

　行政活動に先立って住民から意見を募集し、参考になるものがあれば政策決定に反映させていくしくみのことを、**パブリック・コメント**とよびます。国の行政手続法38条以下は、法律に基づく命令・規則、審査基準、処分基準、行政指導指針を制定する際に踏むべきパブリック・コメントの手続（意見公募手続）を定めています。自治体でも、行政手続条例を改正したり、自治基本条例や住民参加一般に関する条例を制定するなどして、パブリック・コメントが制度化されています。横須賀市では、行政手続法よりもその対象を広げており、条例の制定・改廃や行政計画の策定・改定についてもパブリック・コメントが実施されています。

(ウ)　パブリック・インボルブメント

　パブリック・コメントが政策決定に際して住民の意見を聴く手続であるのに対して、住民が政策決定に主体的に参加する手続が、**パブリック・インボルブメント**です。都市計画手続に多く、たとえば、地区計画の案を作成するときには、条例で定めるところにより、その案に係る区域内の土地所有者・利害関係人の意見を求めることとされています（都市計画法16条2項）。計画策定について、土地所有者・利害関係人の側から意見を申し出ることも認められています（同条3項）。

Chap. 5

自治体のしごと
自治事務と法定受託事務

1 地域における事務とその他の事務

　自治体は、①**地域における事務**と、②**その他の事務で法律またはこれに基づく政令により処理することとされるもの**を処理します（法2条2項）。①は、自治体が一定区域を包括的に統治することを明らかにしたもので、自らが制定する条例・規則・要綱に基づいて処理する事務も含まれます。②は、長々しい表現ですが、自治体が法令に基づき国の統治作用を一部担当することを意味しており、北海道根室市が北方領土に本籍を有する者の戸籍事務を担当していることなどが典型です（北方領土問題解決促進法11条）。②は特殊な局面なので、以下では①について説明します。

2 自治事務と法定受託事務

　「地域における事務」といっても、様々です。戦前の市町村は、学校事務と戸籍・道路の管理だけしていればよいなどと揶揄されたものですが、行政に期待される役割の増大に伴い、自治体の事務も飛躍的に拡大しています。

　地方自治法は、「地域における事務」を、自治事務と法定受託事務に分けています（法2条8項〜10項）。**法定受託事務**は、国（または都道府県。以下同じ）が本来果たすべき役割に係るものであって、国においてその適正な処理を特に確保する必要があるものとして法律またはこれに基づく政令により特に地方公共団体にその処理が委託される事務と定義されます。**自治事務**とは、法定受託事務以外の事務のことです。

　「自治事務は法定受託事務を除いた残りのすべて」などといわれると、自治事務とは質・量ともに大した意味のない事務なのかと感じるかもしれません。

しかし、そのようなことは決してなく、むしろ自治事務の数の方が多いのです。このような定義の仕方は、両者を合わせたときに「地域における事務」が余すことなく含まれるようにするための立法技術です。

　では、いかなる事務が自治事務とされているのでしょうか。たとえば、あなたがケーキ屋さんを開こうと考えた場合、都道府県知事に申請して営業許可を受ける必要があります（食品衛生法55条１項）。営業許可は、都道府県の自治事務です。お金を貯めてマイホームを建てようとすれば、建物の構造、耐久性、防火設備などについて、建築主事等から建築確認を受けなければなりません（建築基準法６条１項）。建築主事というのは、都道府県と基本的に人口25万人以上の市に置かれる機関のことです（同法４条１項参照）。建築確認は、建築主事を置く都道府県・市の自治事務です。家を建てる場合には、それ以外にも都市計画法上の用途地域、建ぺい率、容積率などの規制に注意する必要があります。

図4　地方公共団体の事務区分の改正

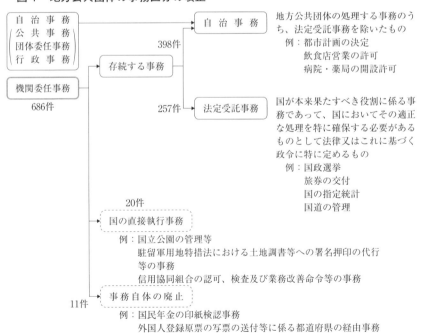

とりわけ、その土地が市街化調整区域（都市計画法7条3項）にある場合には、土地を購入して家を建てることはできません。こうした都市計画区域の指定は、都道府県の自治事務です。生活に困っていて民間賃貸住宅を借りられない人は、市営住宅に入居することができます。具体的には、月収が15万8千円以下であり、現に住宅に困窮していることが明らかといった要件が定められています（公営住宅法23条）。市営住宅の管理は、市の自治事務です。

　このように自治事務の範囲は多岐に及ぶため、自治体の事務はまず自治事務に分類されると思ってかまいません。法定受託事務は例外であり、法令でその旨の定めがあるときのみ、法定受託事務として取り扱われます。以下、その理由を説明します。

地域における事務

・法定受託事務

　国（または都道府県）が本来果たすべき役割に係るものであって、国（または都道府県）においてその適正な処理を特に確保する必要があるものとして法律またはこれに基づく政令により特に自治体にその処理が委託される事務

・自治事務

　それ以外の事務

3　以前の事務区分と分権改革による変更

(1)　以前の区分──機関委任事務と自治事務（団体事務）

　自治事務と法定受託事務について理解するためには、かつての事務区分を押さえておく必要があります。従来、自治体の事務は、機関委任事務と自治事務（団体事務）に区別されていました。しかし、①機関委任事務のしくみは「地方自治の本旨」に反する、②自治事務の内容や判別方法が不明確であるという批判が強く寄せられていました。

　まず、**機関委任事務**とは、国の事務の執行を自治体の長という機関に対して

委任した事務のことで、従前の都道府県の事務の約7〜8割、市町村の事務の約3〜4割を占めていました。この事務を処理する限り、自治体の長は、自治体のトップであるにもかかわらず、国の下級行政機関として、その指揮・監督に服したのです。国が職務執行命令訴訟を提起して勝訴すれば、事務を代執行することも可能でした（参照、最大判平成8年8月28日民集50巻7号1952頁・百選118）。平成3年以前は、国の指示に従わない長を罷免することも認められていました。自治体は、この事務に関する独自の条例を制定することもできませんでした。

　機関委任事務は、どのような理由で設けられていたのでしょうか。一般的には、①国の出先機関を全国に設けるよりも効率的であるし、国家公務員の定員抑制になる、②国の事務を自治体の機関に行わせることで地元民の意見が反映されやすいなどと説明されていました。しかし、自治体を国の出先機関扱いすることは地方自治を損なうもので、憲法にいう「地方自治の本旨」に反するしくみでした。戦前の県知事は内務省から派遣される官選知事であったわけですが、機関委任事務は、その名残ともいえるしくみだったのです。

　次に従前の自治事務（団体事務）は、自治体自身の事務を自治体が執行するというものであり、この点に問題はありませんでした。ただし、自治事務のあり方に問題がなかったわけではありません。従来の自治事務は、さらに、①公共事務（公の施設の設置・管理のように本来的に自治体が処理する地域的事務）、②団体委任事務（本来的に自治体が処理すべき事務ではなく、国や他の自治体から委任されて処理することとされた事務）、③行政事務（警察のように権力的に処理することが認められた事務）へと分類されていました。しかし、この分類方法が不明確であることや、国の監督や経費の財源等について分類が反映されていないなど、分類をする実益に乏しいといわれていました。

(2)　分権改革——機関委任事務の廃止

　そこで、**平成11（1999）年の地方自治法改正**により、事務区分が変更されたのです。機関委任事務は廃止され、従来の二区分は、自治事務と法定受託事務

へと整理されました。このように書くと、自治事務は存置、機関委任事務がそのまま法定受託事務へと引き継がれたように誤解されそうですが、決してそうではありません。

　自治事務についてみると、用語は同じでも、改正の前後で、内容は変更されています。かつての①公共事務、②団体委任事務、③行政事務の三区分も廃止されました。機関委任事務の半分以上が自治事務となったこともあり、改正によって大幅に自治事務は増加しています。

　続いて法定受託事務についてみると、機関委任事務が国の事務であったのに対して、法定受託事務は自治体自身の事務であり、両者は全く異なります。法定受託事務という用語が良くないのですが、国の事務を委託されて自治体が執行しているわけではないのです。「そうはいっても、機関委任事務だったものを法定受託事務というように、看板を付け替えただけではないか」と感じるかもしれません。しかし、これも誤りです。機関委任事務がそのまま法定受託事務へと移行したのではなく、それまで700件ほど存在していた機関委任事務は、その事務を残すことの必要性も含めて、徹底的に精査されました。

　それまでの機関委任事務のうち、①11件については事務自体が廃止され、②20件については国が直接執行することとされました。その一方で、③自治事務へと整理されたものが398件（都市計画決定、飲食店営業許可、病院開設許可など）あり、④残りの257件が、法定受託事務（国政選挙の投開票、旅券交付など）に区分されたのです。従来の機関委任事務は、徹底的な検討の末に、改めて分類され直したことがわかるでしょう。また、機関委任事務とは異なり、法定受託事務については自治体ごとに条例を制定することができるし（自治体の条例制定権の拡大）、議会や監査委員の調査・監査権限も及ぶようになりました。法定受託事務は、自治体自身の事務なのです。

＊自治体自身の事務ということの意味
　自治体自身の事務とされるといかなる意味をもつのかと、疑問に思うかもしれません。簡単にいえば、その自治体の名で、その権限に基づき事務が遂行されるというこ

とです。当然、事務の遂行から生じる責任も、その自治体が負うことになります。

(3) 自治事務と法定受託事務

　自治事務と法定受託事務は、事務区分の明確化と、国の関与の緩和、関与手続の明確化という要請の下に整理されました。いずれも、事務の帰属主体は自治体です。自治事務と法定受託事務とを区別する意義は、国の関与方法が異なる点にあります。自治事務については、国の**関与**が抑制され、自治体の判断がより尊重されます。

　法定受託事務は、第1号法定受託事務と第2号法定受託事務へと整理されます。第1号とか第2号というのは、定義が法2条9項1号にあるか同項2号にあるかの違いです。第1号法定受託事務は、本来国が行うべきなのですが、都道府県・市町村・特別区が行うこととなっている事務を指し、法298条・同法別表第1、同法施行令223条・同施行令別表第1で列挙されている事務が、これに該当します。

　第2号法定受託事務は、本来都道府県が行うべきなのですが、市町村・特別区が行うこととなっている事務を指し、やはり法299条・同法別表第2、同法施行令224条・同法施行令別表第2で列挙されています。

　法定受託事務を除いた残りのすべてが、自治事務ということになります（法2条8項）。

＊法定受託事務の例

　定義上、都道府県の法定受託事務は、すべて第1号法定受託事務です。選挙関連の事務が目立ちますが、選挙ばかりは人海戦術で対応しないことにはどうにもならないからです。

都道府県の法定受託事務の例	市町村の法定受託事務の例
・国政選挙に関係する事務（公職選挙法275条1項参照）	① 第1号法定受託事務
・一般国道の管理（道路法97条）	・戸籍の管理（戸籍法1条2項）
・一級河川指定区間・二級河川の管理	・選挙人名簿の調製（公職選挙法275条1項4号）

（河川法100条の3） ・産業廃棄物処理業許可（廃棄物処理法24条の4） ・旅券の申請受理、交付（旅券法21条の3） ・生活保護の決定（生活保護法84条の5） ・社会福祉法人の設立認可（社会福祉法151条） ・国勢調査における調査票の審査、総務大臣への送付（国勢調査令16条1項）	・国政選挙の投・開票の事務（公職選挙法275条1項3号） ・児童手当の認定（児童手当法29条の2） ・国勢調査の実施（国勢調査令16条2項） ②　第2号法定受託事務 ・都道府県選挙の投・開票の事務（公職選挙法275条2項1号）

＊道路・河川の管理

　道路の場合、原則はその名称通り、国道は国（国土交通省）が、都道府県道は都道府県が、市町村道は市町村が管理します。河川の場合、一級河川は国（国土交通省）が管理するのが原則です。しかし、国道や一級河川については、法定受託事務で都道府県に管理権限が委ねられていることがあったりして、ややこしい部分があります。国道や一級河川の事故に伴う国家賠償法2条の責任も、都道府県が管理している区間については、都道府県が負うことになります（最判昭和45年8月20日民集24巻9号1268頁・行政百選Ⅱ230）。

＊二重行政

　上記に関連して指摘されるのが、国、都道府県、市町村が同じ事務を重複して行う**二重行政の弊害**です。特に国からの出先機関である地方支分部局と都道府県との権限が錯綜していることは、二重行政であるとして批判があります。

＊旅券の申請受理・交付

　旅券（パスポート）の申請受理・交付は、都道府県の法定受託事務です（旅券法3条1項・8条1項・21条の3）。しかし、当然ながら、旅券の発行それ自体は国（外務大臣）の事務です（同法5条1項）。外務省には地方支分部局がないので、このような事務分担になるのですが、都道府県が貴重な人員を窓口事務に割かなければいけないのは、釈然としません。窓口事務だけならば、国の直轄事務にして、民間委託することも検討すべきではないでしょうか。

＊義務付け・枠付け

　ありがちな誤解ですが、「法定受託事務は法律の制約があるが、自治事務は法律の制約を受けない」というのは間違いです。自治事務にも、法律の制約はかかります。飲食店営業許可ならば食品衛生法により、建築確認ならば建築基準法により、市営住

宅の管理ならば公営住宅法により、「このしごとをするときはああしなさい、こうしなさい」と事細かに指示されているのです。しかし、法定受託事務ならばともかく、自治事務である以上、地方の自主性を最大限に発揮するために、国からの関与は必要最小限にとどめる必要があり、このような法律による「義務付け・枠付け」も可能な限り削除すべきといわれています。ただ、小さな市町村ですと、何の指針も示されないと具体的にどうやって事務を処理するのか見当がつかない場合も多いと思います。「義務付け・枠付け」にこだわらず、国から事務処理の標準モデルくらいは示してよいのではないでしょうか。

４ 条例による事務処理の特例

　ある事務が法律で都道府県知事の権限とされているのは、国会の判断で都道府県知事が実施すべき事務だと考えられたためです。しかし、市町村にその事務を処理するのに十分な能力が備わっているならば、都道府県知事と市町村長の協議により、事務配分を変更しても支障はないと考えられます。そこで、都道府県知事の権限に属する事務の一部は、都道府県条例の定めるところにより、市町村長の処理に委ねることが認められています（法252条の17の２第１項）。これを、**条例による事務処理の特例**といいます。この場合、権限は市町村長に移ります。市町村は、条例によって、それぞれの地域の実情に応じた独自の基準を定めることができるようになります（さいたま地判平成21年12月16日判自343号33頁・百選36）。

　都道府県知事と市町村長の間に、十分な打合せが必要であることは、いうまでもありません。この条例を制定・改廃するときは、都道府県知事は、あらかじめ事務処理を委ねている市町村長と協議しなければならないとされています（同条第２項）。市町村長の側から、この事務を自分に委ねてほしいと要請することも可能です（同条第３項）。

　なお、国が事務処理について関与したり、市町村が国と協議するときは、都道府県を通じて行うことが求められます（法252条の17の３第２項・第３項）。

（→現代的課題204頁）

5 自治体相互の協力

(1) 概　　要

　市町村のすべてが、事務の実施にとって十分な財政能力や職員を有しているわけではありません。特に小規模な町村にとっては、他の市町村と協力しながら事務を実施すべき局面が多くみられます。このようなニーズに応えるのが市町村合併であり、一部事務組合や広域連合のしくみであることは、先に説明したとおりです（☞28頁、36頁）。

　しかし、市町村合併はもちろん、一部事務組合などを設立するのは、結構な手間がかかります。手間をかけなくとも、事務を協力して実施するしくみが求められたため、協議会や機関等の共同設置などが用意されました。また、委託費を支払って都道府県や大都市に事務を委託することも認められています。

　これら以外に、実務的には**職員の派遣**（法252条の17）が重要です。職員の派遣は、人事交流だけではなく、東日本大震災で被災した自治体に対する事務的・技術的支援にも広く活用されています。特に兵庫県や関西広域連合を構成する自治体からは、阪神・淡路大震災のときの恩返しとして、岩手県、宮城県、福島県に職員の派遣が行われています。被災地出身の身としては、本当にありがたいことです。

(2) 協　議　会

　自治体は、①事務の一部を共同して管理・執行するため、②事務の管理・執行について連絡調整を図るため、③広域にわたる総合的な計画を共同して作成するために、協議により規約を定め、**協議会**を設けることができます（法252条の2の2）。①については、協議会を通じて事務が執行された場合でも、元の自治体が事務を執行したものとして取り扱われます（権限が移らない）。機能的には一部事務組合や広域連合に近いのですが、法人格が認められない点で異なります。市町村合併の際には、盛んに合併協議会が用いられました（市町村合併特例法3条）。それ以外には、農業用水の管理、教科書採択（☞68頁）、消防通信

業務などに活用されています。

⑶　機関等の共同設置

　複数の自治体は、その協議により規約を定めて、機関等を共同して設置することができます（法252条の7）。これまで共同設置の対象は委員会・委員、附属機関、長等の補助職員、専門委員等に限られていたのですが、近年の改正で議会事務局（☞147頁）やその内部組織等が加えられました。共同設置された機関等は、各自治体の共通の機関等として扱われ、事務を管理・執行する権限は移動しません。必要な経費は、各団体が負担します。

　機関等の共同設置の利用実績のほとんどは、介護区分認定審査（390市町村が128件）、障害区分認定審査（342市町村が101件）、公平委員会（748市町村が115件（☞190頁））です。これは、法律（介護保険法16条1項、障害者自立支援法17条1項、地方公務員法7条4項）が共同設置の方法を提案していることと関係します。

　平成26年に改正された行政不服審査法では、審査庁は裁決を出す前の段階で**第三者機関**に諮問することが義務付けられています（同法81条）。しかし、年間の審査請求が数件のみという市町村も少なくないため、第三者機関を共同設置する方法が模索されています。

⑷　事務の委託

　自治体が、協議によりその事務の管理・執行を他の自治体に委ねるしくみが、**事務の委託**です（法252条の14）。**行政法学上の「委任」**の法理により、事務の委託がなされると、当該事務の管理・執行権限は、そこから生じる責任も含めて、受託した自治体に移ります（法252条の16）。委託した側の自治体は、事務処理に要する経費を委託費として支払うことになります（法252条の15第3号）。

　事務の委託は全国の6,000件弱で用いられており、小さな町村がその属する都道府県や近くの市に対して事務を委託する例が多くみられます。公平委員会の事務（☞201頁）は、地方公務員法7条4項が他の自治体の人事委員会に委託する方法を規定していることもあって、30道県で1,100余りの市町村からその

所属する都道府県の人事委員会に委託されています。住民票の交付や競艇舟券の場外販売など、窓口事務を相互に委託している例も珍しくありません。相模原市と東京都町田市は、異なる都県に属しながら、相互に住民票の交付事務を委託しています。

　やはり新行政不服審査法の第三者機関の事務について、小さな市町村が都道府県などに委託する方法が模索されています。神奈川県内の町村は、神奈川県の行政不服審査会に対して、第三者機関の事務を委託しています。

```
＊行政法学上の「委任」
　委任がなされると、権限が移動するため、委任した元の機関の名前は出てこなくなり、受任した新しい機関が、その機関の名前で権限を行使することになります。
```

(5)　代 替 執 行

　自治体は、他の自治体の求めに応じて、協議により定めた規約に基づき、他の自治体の事務の一部を、当該他の自治体の長などの名において管理・執行することができます（法252条の16の2第1項）。これを**事務の代替執行**とよびます。事務の代替執行がなされた場合、代替執行された事務は、当該他の自治体の長などが管理・執行したものとして、その効力を有することになります（法252条の16の4）。

(6)　連 携 協 約

　協議会や機関等の共同設置は、たしかに簡便な手続なのですが、別に組織をつくる手間はかかります。そこで、さらに簡易な協力を可能とするために平成26年の法改正で定められたのが、**連携協約**です。自治体は、他の自治体と事務処理に当たって連携を図るため、協議により、事務処理の基本方針・役割分担を定める協約（連携協約）を締結することができるようになりました（法252条の2第1項）。連携協約には事務分担だけではなく政策分担も盛り込むことが可能で、定住自立圏や地方中枢拠点都市圏の取組みを促進する手法として期待されています。

Chap. 6
国は自治体のしごとに口出しできるか
関与のしくみ

◼ 1 関与の三原則

⑴ 関 与 と は

　本章は技術的な規定の解説ばかりで、いきなり内容が難しくなって戸惑うか
もしれません。本章の内容が理解できなくとも当面の実務に支障はありません
が、国と地方のやり取りのルールは、地方自治法の真髄です。初めて学ぶ方は、
この本を一通り読み終わってから読むことをお勧めします。

　さて、自治事務と法定受託事務を区別する最大の意義は、自治体に対する国
の関与方法（第 2 号法定受託事務においては、市町村に対する都道府県の関与方法）
が異なる点にあります。**関与**とは、自治体の事務処理に関する国（都道府県）
の行政機関の行為のことです（法245条）。簡単にいえば、その事務の根拠法令
を所管する各大臣が、自治体のしごとのやり方にあれこれと口を出すことを、
関与とよぶわけです。以下では、第 1 号法定受託事務を念頭に説明します。

　国は、自治体により事務が適正妥当に行われているかどうか、地方行政に対
して関与することができます。しかし、好きなように関与できるわけではなく、
「地方公共団体の自主性及び自立性が十分に発揮されるように」（法 1 条の 2 第
2 項）、様々な原則や要件に従わなければなりません。無制約な関与を認めれ
ば、実態として機関委任事務の時代と変わらなくなってしまうからです。

　特に重要なのが、①**法定主義の原則**、②**一般法主義の原則**、③**公正・透明の
原則**です。これらは**関与の三原則**とよばれ、それぞれ、行政法学の一般法理で
ある①**法律の留保**（＝権限行使の局面の明確化）、②**比例原則**（＝権限の抑制的な行
使）、③**適正手続**（＝公正・透明な権限行使）に対応しています。ただし、行政法
学の一般法理が行政（国・自治体）と私人との関係を定めているのに対して、

関与の三原則は国と自治体の関係を定める点が異なっています。関与の三原則と行政法学の一般法理がよく似ているのは、行政と私人との間にある大きな力関係の格差が、国と自治体との関係でも同様に及んでおり、法律によって格差の是正に取り組まなければならないと考えられたからです。

(2)　原則その1──法定主義の原則

　国（都道府県）は、法律またはこれに基づく政令（法令）の根拠がなければ、自治体の事務処理に対する関与を行ってはいけません。これを**法定主義の原則**とよびます（法245条の2）。機関委任事務の時代に認められていた一般的・包括的な指揮・監督権は廃止されて、法令に基づく関与が求められています。

　なぜ機関委任事務の時代は一般的・包括的な指揮・監督権が認められていたのかといえば、（機関委任事務を執行する限りにおいて）自治体の長が国の大臣の下級行政機関であったためです（法旧150条）。上司が部下に指示を出すのに、いちいち法令の根拠は不要ですよね。しかし、機関委任事務が廃止された現在は、国の大臣と自治体の長は対等・独立の関係にあるので、法令の根拠がなければ、事務処理の仕方について口を出してはならないのです。

　みなさんも、上司の指揮・監督を受けることには納得できても、同じ地位の

図5　国、自治体、住民（私人）の関係

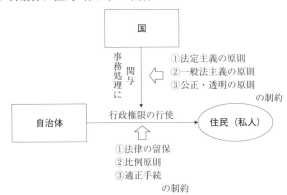

（注）　国が私人に対して行政権限を行使する局面については割愛した。

同僚から指揮・監督を受けることには不満をもつでしょう。しかし、あらかじめ「このような特定の局面では同僚からしごとのやり方についてコメントをもらうように」というルールが定められていれば、同僚から口出しされることも致し方ないと諦めると思います。法定主義の原則は、権限行使の局面を明確にするように求める点で、行政法学における法律の留保と同じ発想です。

(3) 原則その2──一般法主義の原則

関与は、地方自治法の定める基本原則に則って行われるとともに、その目的を達成するために必要最小限のものにとどめなければなりません。これを**一般法主義の原則**とよびます（法245条の3）。対等・独立の関係にある他人からしごとのやり方についていろいろいわれることなど、可能ならばやめてほしいからです。したがって、関与方法は地方自治法に書いてある類型しか認められず、個別法で関与方法を設けることは許されません。これは、個別法でなし崩し的に新たな関与方法が認められることを防ぐためです。関与権限の抑制的な行使を定めたという意味では、行政法学における比例原則と同じ発想です。

(4) 原則その3──公正・透明の原則

関与を行う際には、①書面の交付、②許認可等の基準の設定・公表、③許認可等に係る標準処理期間の設定・公表、④届出の到達主義といった一定の手続を踏む必要があります。これを**公正・透明の原則**（法247条～250条の6）とよびます。行政手続法が、公正・透明な権限行使が確保されるために、申請に対する処分、行政指導、届出について定めを置いているのと同じ趣旨です。①～④の内容は、次の「**2**関与の基本類型と具体例」で説明します。

2 関与の基本類型と具体例

国は、原則、自治事務に関して4類型、法定受託事務に関して7類型の関与を行うことが認められています。自治事務の場合は(1)努力義務を課すにとどまり、法的拘束力をもたない類型が基本となるのに対して、法定受託事務では(2)

法的拘束力をもつ類型が多くなります。

関与の基本類型（法245条）	
自治事務	(1)　努力義務を課すにとどまり、法的拘束力をもたない類型 (ア)助言・勧告（1号イ）、(イ)資料の提出の要求（1号ロ）、(ウ)協議（2号） (2)　法的拘束力をもつ類型（厳重な要件の下に認められる） (エ)是正の要求（1号ハ）
法定受託事務	(1)　努力義務を課すにとどまり、法的拘束力をもたない類型 (ア)助言・勧告（1号イ）、(イ)資料の提出の要求（1号ロ）、(ウ)協議（2号） (2)　法的拘束力をもつ類型 (オ)同意（1号ニ）、(カ)許可・認可・承認（1号ホ）、(キ)指示（1号へ）、(ク)代執行（1号ト）

(1)　努力義務を課すにとどまり、法的拘束力をもたない類型

(ア)　助言・勧告

　国の行政機関が自治体に対して客観的に適当と認められる行為を促したり、その行為を行うに際して必要な事項を提示したりするのが、**助言・勧告**です（法245条の4）。助言・勧告に従うか否かは相手方である自治体の任意であり、行政庁が私人に対して行う**行政指導**（行政手続法2条6号）に似ています。行政実務では、「**技術的助言**」や「**通知**」などとして発せられます（機関委任事務の時代は、「**通達**」が盛んに発せられました。名前は似ていますが、「通達」というのは上級行政機関が下級行政機関に対して内部的に発する命令のことで、「通知」とは意味合いが全く異なります）。なお、勧告の場合は尊重義務が課せられるので、助言よりも勧告の方が強い効果をもちます。しかし、勧告に結果として反する行為をしたとしても、それだけで違法になるわけではありません。

　助言の例として、地方教育行政法48条は、文部科学大臣は都道府県・市町村に対して、都道府県教育委員会は市町村に対して、①学校等の教育機関の設置、管理、整備、②学校の組織編制、教育課程、学習指導、生徒指導、職業指導、教科書等の取扱いその他学校運営、③学校における保健、安全、学校給食につ

いて、必要な指導、助言、援助を行うことができると定めています。

　国の行政機関が助言・勧告を行った場合に、相手方の自治体から当該助言等の趣旨・内容を記載した書面の交付を求められたときは、原則として書面を交付しなければなりません（法247条1項）。これは、助言・勧告の内容を書面に証拠として残しておくことで、後から当事者間で「言った、言わない」の争いになることを防ぐ趣旨です。また、国の行政機関は、自治体が助言・勧告に従わなかったことを理由に、不利益な取扱いをしてはなりません（同条3項）。

　これらの規律は、行政指導について定めた行政手続法32条2項および35条と酷似しています。行政指導では、行政庁が私人に対して事実上の力関係の格差を背景に行政指導に従うよう強制してはならないとされたのですが、これと同じような規律がなされているのは、国と自治体の間でも、事実上の力関係の格差を背景に、国が助言・勧告に従うよう強制することが懸念されたからです。

(イ)　**資料提出の要求**

　助言・勧告をするためには情報が必要になるので、国は、自治体に**資料提出の要求**をすることができます（法245条の4）。FAXや電子ファイルでのやり取りが主です。

(ウ)　**協　　議**

　協議とは、集まって相談することです。国の行政機関は、自治体からの協議の申出に対して、誠実に協議を行うとともに、相当の期間内に協議が調うよう努めなければなりません（法250条1項）。

＊横浜市勝馬投票券発売税事件

　横浜市が法定外普通税としての勝馬投票券発売税を新設しようとして、総務大臣に協議したところ（地方税法259条・669条）、不同意とされたという事案です。国地方係争処理委員会平成13年7月24日勧告判時1765号26頁・百選122は、総務大臣が十分に協議を尽くしていないとして、不同意を取り消すように勧告しました。

---

(2)　**法的拘束力をもつ類型**

　自治事務の場合は、厳重な要件の下に(エ)是正の要求が認められているにとど

まります。これに対して、法定受託事務の場合は、法的拘束力を有する類型が多くみられます。これは、両者の性質の違いに由来するものです。しかし、一般法主義の原則からは、関与権限は抑制的に行使されることが望ましく、たとえ法定受託事務を処理する際であるとしても、助言・勧告で事足りるのにいきなり指示を出すことは不適切でしょう。

㈡　是正の要求

　各大臣は、その担任する事務に関し、①都道府県の自治事務の処理が法令の規定に違反していると認めるとき、または②著しく適正を欠き、かつ、明らかに公益を害していると認めるときは、当該都道府県に対し、当該自治事務の処理について違反の是正等を要求することができます（法245条の5）。自治事務の基本類型の中では、強い関与です。

　是正の要求は、住基ネットへの接続に関して、東京都知事から国立市に対して（平成21年2月）、福島県知事から矢祭町に対して（同年8月）行われた例があります。これらは、総務大臣からの指示に基づいてなされたのですが、いずれの事案でも、市・町の側が是正の要求に従わなかったために、実効性確保がその後の課題となりました。自治事務の場合は、法定受託事務のように㈣代執行が想定されていないので、是正の要求を無視されると、違法状態が放置されたままになるのです。

　そこで平成24年の法改正により、国（法251条の7）および都道府県（法252条）による違法確認訴訟のしくみが設けられました。国等が是正の要求をしたのに、自治体が①これに応じた措置を講じず、②国地方係争処理委員会に審査の申出もしないときなどは、国等は、当該自治体を相手に**不作為の違法確認訴訟**を提起することができます（法251条の7第1項1号）。これにより、違法状態の司法的解決のしくみが整ったわけです。

　しかし、裁判所によって不作為状態が違法と判断されても、自治体に無視されてしまえばそれまでです。そこで実効性確保のために、制裁金を導入することなどが提案されています。でも、違法状態を放置してそれで良しとする長が住民の支持を集めることこそ、根源的な問題でしょう。法を無視する自治体を

判決に従わせるためにはどうしたらよいかなどということが議論されること自体、法治国家として情けないと思います。

> ＊竹富町教科書採択問題
>
> 　法改正直後の平成26年3月、文部科学省は、沖縄県竹富町教育委員会に対して、教科用図書八重山採択地区協議会が採択した教科書を使用するように是正の要求を行いました。この件は、竹富町を八重山採択地区から分離して、今後は同町が単独で教科書を採択していくことで解決されたため、訴訟にまでは至りませんでした。

㈠　同　　意

　双方の意思が合致することが、**同意**です。しかし、国が自治体から「こんなことを行いたいので同意してほしい」と要請されたとき、結局、㈹許可、認可、承認といかなる違いがあるのかについては、議論があります。たとえば、法定外普通税を設けるときは、総務大臣と協議した上で、その同意が必要とされます（地方税法259条・669条、☞117頁）。しかし、総務大臣が同意を拒否すれば、許可制と何ら変わりません。これについては、(a)十分な協議さえ行えば同意が得られなくとも法定外普通税を新設することが認められるという説があるのですが、解釈上無理があります。(b)同意を拒否できる場合をできるだけ制限的に解釈する以外にないと思います。

㈹　**許可・認可・承認（許認可等）**

(a)　**許認可をする場合の手続的規律**　　財政再生団体が起債しようとする場合には、総務大臣に申請してその許可をもらう必要があります（地方財政法5条の4、☞112頁）。こうした許可・認可・承認に際して自治体の地位が不安定になることのないように、国の行政機関が従うべき手続的規律が設けられています。国の行政機関は、自治体からの申請に対して許可・認可・承認（同意の場合も手続的規律は同じなので、同意も含まれます。以下、まとめて「**許認可等**」とします）をするかどうかを法令の定めに従って判断するために必要とされる基準を定め、かつ、これを公表しなければなりません（法250条の2第1項）。自治体としては、国の行政機関がいかなる基準に基づいて申請に対する許認可等を判断しているのかについて事前に知ることができれば、自分がいかなる要件を備えればよい

のかわかるので準備がしやすくなりますし、仮に許認可等が得られなかった場合でも、次に向けていかなる準備が必要なのかがわかります（予測可能性の保障）。また、国の行政機関としても、基準を事前に公表していたにもかかわらず、その内容と反する許認可等の運用を行うわけにはいかないので、恣意的な運用を防ぐことができます（恣意的判断の抑制）。行政手続法では、私人からの申請に対する処分について、行政庁にはあらかじめその審査基準を設定・公表しておくことが義務付けられているのですが、これと同じ趣旨です（同法2条8号ロ・5条）。国の行政機関は、申請が提出された場合には遅滞なく審査を開始しなければならず（法250条の3第2項）、審査のために通常要すべき標準的な期間（標準処理期間）を定めなければなりません（同条1項）。これも、行政手続法6条と同じ発想です。

(b)　我孫子市農振地域整備計画不同意事件　　関与についての公正・透明の原則は、行政手続法とよく似ています。そのことを正面から述べたのが、我孫子市農振地域整備計画不同意事件です。事案は、我孫子市が千葉県に対して農業振興地域整備計画の変更案に係る協議の申出を行ったところ、不同意とされたので、**自治紛争処理委員**に対して、不同意の取消しと同意をすべきである旨の勧告を求めたというものです。問題となったのは、千葉県が審査基準を設定していなかったことでした。自治紛争処理委員平成22年5月18日勧告地方自治752号70頁・百選124は、行政手続法の目的である「行政運営における公正の確保と透明性の向上」は、「普通地方公共団体に対する国又は都道府県の関与においても採用されるべき普遍性を有する法理」であって、法250条の2の規定が設けられた趣旨は、「許認可等の基準をあらかじめ定め公表しておくことにより、普通地方公共団体に許認可等がなされるかについての予測可能性を与え、許認可等の見込みのない申請作業等やその処理に要する双方の事務負担を軽減し、普通地方公共団体に許認可等を得るためにどのような対応が必要かについて指針を与えるとともに、国又は都道府県による恣意的な裁量権の行使を抑止することを目的とする」と述べて、本件には重大な手続的瑕疵があるとして、この不同意を取り消し、協議を再開すべきことを勧告しました。

(c)　許認可等の取消し　　国の行政機関が自治体に**一旦付与した許認可等を後
で取り消す**場合には、その基準をあらかじめ設定・公表しておくように努める
義務があります（法250条の２第２項）。行政手続法では、私人に対する不利益処
分について行政庁に処分基準を設定・公表する努力義務が課せられていますが、
これと同じ趣旨です（同法２条８号ハ・12条）。

(d)　理由の提示　　国の行政機関が申請等に係る許認可等を拒否する処分（不
許可処分等）または許認可等の取消しをするときには、自治体に対して理由を
記載した書面を交付する必要があります（法250条の４）。この規律も、行政手
続法８条と14条に倣ったものです。**理由の提示**が求められる趣旨は、①国の行
政機関による恣意的判断を抑制し、②自治体が不服申立てをするときの手がか
りを与えるためとされます。書面での交付が求められているのは、後になって
から「言った、言わない」の争いにならないように、証拠を残すためです。

(キ)　指　　示

　指示とは、相手に対して一定の作為・不作為の義務を課すことです。「指
揮・命令」が上司から部下に対して課されるものであるのに対して、「指示」
は対等・協力の関係でも行われることから、「指示」という用語が使われてい
ます。是正の指示は、当該法定受託事務の処理について違反の是正・改善のた
め「講ずべき措置に関し」、必要な指示をする（法245条の７第１項）とされてお
り、講ずべき措置の具体的内容が示される点で、(エ)是正の要求と異なります。
国等による違法確認訴訟（法251条の７・252条）が定められている点は、是正の
要求と同じです。

(ク)　代執行

　代執行とは、自治体が、法定受託事務に関して、①法令に違反する事務処理
を行っている場合や、②事務処理を怠っている場合に、各大臣がその是正措置
を代わって執行することができるしくみです。各大臣は、上記①②の条件が満
たされるときに、③他の方法では是正困難で、かつ、④そうした状態の放置が
著しく公益を害することが明らかである場合、文書により期限を定めて当該自
治体の長に対して勧告を行い（法245条の８第１項）、それに従わない場合は指示

を行います（同条第2項）。それでも自治体の長が期限内に事務を執行しない場合には、各大臣は、高等裁判所に対し、当該事項を行うべきことを命ずる旨の裁判に訴えることができます（同条第3項）。請求認容判決が得られた場合、各大臣は、自治体の長に代わって当該事務を行うことが可能となります（同条第8項）。代執行においては、裁判所も巻き込んだ極めて慎重な手続が設けられています（辺野古紛争にかかる福岡高那覇支判令和5年12月20日）。これは、各大臣が自治体の長に代わって事務を執行するという、地方自治の根底に関わる最後の手段だからです。

3　関与に関連するしくみ

(1)　並行権限の行使

　国の行政機関は、自治体が自治事務として処理しているのと同一の事務を、自らの権限に属する事務として処理することができます。これを**並行権限の行使**とよびます。並行権限を行使するときは、事前にその自治体に対して、事務処理の内容・理由を記載した書面により通知しなければなりません（法250条の6）。たとえば、国土交通大臣は、国の利害に重大な関係がある建築物に関し必要があるときは、都道府県知事に対して、期限を定めて、その自治体の建築主事等に対し必要な措置を命ずべきことを指示することができます（建築基準法17条1項）。具体的には、改修命令や除却命令の指示などが想定されています。ところが、いつまでも必要な措置が執られないときには、国土交通大臣は、自ら当該指示に係る必要な措置を執ることができるのです（同条7項）。並行権限の行使は、それ自体が関与ではないものの、関与との関係で用いられることが少なくありません。むろん、自治体の自主性・自律性に配慮するために、並行権限の行使は緊急の必要がある場合に限られるべきでしょう。

(2)　裁定的関与

　第1号法定受託事務の場合、自治体の機関が行った処分に不服のある者は、各大臣（第2号法定受託事務のときは都道府県知事）に対して**審査請求**をすること

ができます（法255条の2）。これを各大臣の側からみたとき、**裁定的関与**とよびます。裁定的関与は、法245条3号で「関与」の定義からは除かれているのですが、これは別途規定を置いたためで、国が自治体のしごとのやり方に口を出すという視点でみると、無視することはできません。何しろ裁定的関与では、県知事が私人からの申請に対して不許可処分を下した場合に、不許可にされた私人が各大臣に不服を申し立てれば、県知事の判断を覆して、各大臣が不許可処分を取り消すことも認められているのです。口を出すというレベルを超えていることは、理解できるでしょう。

かつては、機関委任事務を処理する限りにおいて国の機関と自治体の機関（あるいは、都道府県の機関と市町村の機関）は上級・下級の関係であったため、前者は後者の「直近の上級行政庁」として、審査請求を受理していました（旧行政不服審査法5条1項1号）。しかし、分権改革後の国と自治体（あるいは、都道府県と市町村）は対等・協力の関係にあるので、「法律に特別の定めがある場合」（行政不服審査法4条）として、裁定的関与を行います。審査庁は、上級行政庁としての立場ではないため、処分の変更（同法46条1項）、処分の義務付け（同条2項1号）、職権による執行停止（同法25条2項）をすることはできません。

ただし、国が裁定を下すのは上級行政庁としてではなく、法律に特別の定めがあるからだという建前を採ったとしても、私人と自治体との争いについて国（第2号法定受託事務のときは都道府県）が裁定を下すことで、国と自治体（第2号法定受託事務のときは都道府県と市町村）との間に心理的な上級・下級の関係が残るのではないかという懸念は否めません。そこで、平成26年の行政不服審査法改正の際、裁定的関与の規定の多くは削除されました。

▮4▮ 処理基準の設定

処理基準とは、自治体が法定受託事務を処理するに当たってよるべき基準のことです。各大臣は、処理基準を定めることが認められています（法245条の9）。処理基準は法的拘束力をもちませんが、自治体が処理基準に違反した場合、各大臣から**是正の指示**がなされる可能性はあります。

　都道府県の法定受託事務の処理基準は、各大臣が定めます（法245条の9第1項）。市町村の法定受託事務の処理基準は、都道府県の執行機関（都道府県知事、教育委員会、選挙管理委員会）が定めます（同条第2項）。ただし、第1号法定受託事務の処理については、各大臣が都道府県の執行機関に必要な指示をすることができ（同条第4項）、特に必要があれば、自ら基準を設けることができます（同条第3項）。

　処理基準は一般的基準であって、個別事案の処理を具体的に求めるものではなく、この点で、是正の指示などとは異なります。たとえば、法務大臣は市町村長が戸籍事務を処理するに当たりよるべき基準（処理基準）を定めることができます（戸籍法3条1項）。このとき、「こんな戸籍に関する請求が来たら、このように処理しなさい」という指針を定めたものが、処理基準です。これに対して、是正の指示というのは、ある市長が戸籍謄本の交付請求に際して十分に本人確認を行っていないようなときに（同法10条の3参照）、法務大臣からその市長に対して、「本人確認を十分に行ってください」と指示することです。

＊処理基準の法的拘束力

　広島高松江支判平成18年10月11日判時1983号68頁・百選20は、鳥取県知事が同県情報公開条例に基づいて行った宗教法人Xの役員名簿、財産目録、収支計算書等（本件情報）の開示決定について、Xから取消しが求められた事案です。この点、文化庁次長から出されていた「宗教法人法に係る都道府県の法定受託事務に係る処理基準について（通知）」では、本件情報のような事項は非開示とするように定められていました。通知に法的拘束力があれば通知に違反した開示決定は違法になるので、通知の性質が問題となりました。

　広島高裁の論理は、次のとおりです。①「宗教法人から提出された書類の管理、特に、その開示についての取扱いは、……全国一律の基準に基づいて処理されるのが合理的であり……地方の特殊事情を考慮すべき特段の必要性があるとは考え難い」ので、法定受託事務である。②そうなると、文化庁次長の通知は法245条の9にいう「処理基準」になる。③本件情報は、「実施機関が従わなければならない各大臣等の指示その他これに類する行為」（同県情報公開条例9条2項1号）により公にすることができない情報であるので、開示決定は違法である。

　しかし、①②はともかく、③には論理の飛躍があると思います。**2**(2)(キ)で述べたように、指示には法的拘束力がありますが、処理基準には法的拘束力がないからです。

5 国と地方の間の紛争裁定のしくみ

(1) 国地方係争処理委員会

(ア) 概　　要

　分権改革では、事務の再配分と関与形態の法定に加えて、国と地方の間で生じた紛争を第三者的に裁定する**国地方係争処理委員会**（以下、本項では単に「委員会」といいます）が総務省に設けられました（法250条の7）。委員会は、5人の委員で構成されます（法250条の8）。委員は、優れた識見を有する者のうちから、両議院の同意を得て、総務大臣が任命します（法250条の9第1項）。任期は、3年です（同条第5項）。

(イ) 審査の手続

　審査の申出ができるのは、自治体の長その他の執行機関です（法250条の13）。国の側からの申出はできません。審査の申出の対象となるのは、①国の関与のうち、是正の要求、許可の拒否その他の処分その他公権力の行使に当たるものに不服があるとき（同条第1項）、②国の不作為に不服があるとき（同条第2項）、③法令に基づく協議の申出を行い、当該協議に係る自治体の義務を果たしたと認めるにもかかわらず当該協議が調わないとき（同条第3項）です。審査の申出は、当該国の関与があった日から30日以内にしなければなりません（同条第4項）。審査の申出の第1号は、横浜市勝馬投票券発売税事件についての国地方係争処理委員会平成13年7月24日勧告判時1765号26頁・百選122の事案です（☞66頁）。**審査・勧告**は、審査の申出から90日以内に行う必要があります（法250条の14第5項）。いずれの場合でも、理由を付して結果を公表します。

(ウ) 審査の結果

(a)　**自治事務関係の関与の審査**　　自治事務関係の審査については、国の関与が違法でなく、かつ、不当でない場合には、その旨を当該自治体・行政庁に通知します。国の関与が違法または不当である場合には、当該行政庁に対し、必要な措置を講ずべきことを勧告し、勧告の内容を当該自治体に通知します（法250条の14第1項）。法定受託事務の場合とは異なり、国の関与が不当である場

合にも勧告が行われるのは、自治事務の場合は法定受託事務よりも地方の自主
性を尊重すべきだからです。

⒝　法定受託事務関係の関与の審査　　法定受託事務関係の審査については、
国の関与が違法でない場合には、その旨を当該自治体・行政庁に通知します。
国の関与が違法である場合には、当該行政庁に対し、必要な措置を講ずべきこ
とを勧告し、勧告の内容を当該自治体に通知します（法250条の14第 2 項）。

⒞　不作為に対する審査　　不作為に対する審査については、審査の申出に理
由がない場合には、その旨を当該自治体・行政庁に通知します。審査の申出に
理由がある場合には、当該行政庁に対し、必要な措置を講ずべきことを勧告し、
勧告の内容を当該自治体に通知します（同条第 3 項）。

⒟　協議に関する審査　　協議に関する審査の場合には、当該自治体がその義
務を果たしているかどうかを審査し、その結果を当該自治体・行政庁に通知し
ます（法250条の14第 4 項）。

㋑　国 の 対 応

　勧告を受けた国の行政庁は、当該勧告に即して必要な措置を講じ、その旨を
委員会に通知します。委員会は、通知に係る事項を自治体に通知します。委員
会は、勧告を受けた国の行政庁に対し、勧告を受けて講じた措置についての説
明を求めることができます（法250条の18）。

㋒　調　　停

　委員会は、国の関与に関する審査の申出があった場合、職権により調停案を
作成し、当該申出をした自治体の長および行政庁に示し、その受諾を勧告する
とともに、理由を付してその要旨を公表することができます（法250条の19第 1
項）。両者が受諾したときには、調停が成立します（同条第 2 項）。

㋓　訴訟の提起

　国の関与または不作為に係る審査の申出をした自治体は、①委員会の審査の
結果または勧告に不服があるとき、②勧告を受けた国の行政庁の措置に不服が
あるとき、③審査の申出をした日から90日を過ぎても委員会が審査または勧告
をしないとき、④国の行政庁が委員会の勧告に即して必要な措置を講じないと

きは、高等裁判所に対し、当該審査の相手方となった国の行政庁を被告として、訴えをもって違法な国の関与の取消しまたは国の不作為の違法の確認を求めることができます。これは、**機関訴訟**（行政事件訴訟法6条）です。

⑵　**自治紛争処理委員**

㋐　**自治紛争処理委員**

　自治紛争処理委員の特色は、審査・勧告以外に、紛争調停、審査請求の審理、処理方策の提示を行う点にあります（法251条）。

㋑　**審査・勧告**

　国地方係争処理委員会の役割が国と自治体との紛争解決を目指すことであるのに対して、自治紛争処理委員は、自治体相互間の紛争について**審査・勧告**を行います（法251条の3）。我孫子市農振地域整備計画不同意事件（自治紛争処理委員平成22年5月18日勧告地方自治752号70頁・百選124）が代表的です。審査・勧告のしくみは国地方係争処理委員会に準じているので、説明は割愛します。

㋒　**紛争の調停**

　自治紛争処理委員は、紛争の調停にも活躍します（法251条の2）。境界紛争（☞30頁）に活躍した事例が多くみられます。調停は、当事者のすべてが調停案を受諾したときに成立します（同条第7項）。

㋓　**審査請求の審理**

　総務大臣・都道府県知事は、審査請求の裁決について、自治紛争処理委員を任命し、その審理を経て行うことが認められています（法255条の5）。名古屋市会中期戦略ビジョン再議決事件（名古屋地判平成24年1月19日自治研究87巻6号121頁・百選A38）における愛知県知事の裁定などに例があります。

㋔　**処理方策の提示**

　連携協約を締結した自治体相互の間に紛争があるときは、当事者である自治体は、総務大臣・都道府県知事に対して、自治紛争処理委員による処理方策の提示を求める旨の申請をすることができます（法252条の2第7項・251条の3の2）。

＊辺野古紛争

　Chap. 6で取り扱った問題が集中的に現れているのが、沖縄県名護市の辺野古沿岸の埋立てをめぐる紛争です。辺野古紛争は、新聞やテレビで目にしない日はないほどですが、法的に説明せよといわれると、複雑すぎて途方に暮れる問題です。同県宜野湾市にあるアメリカ海兵隊普天間飛行場の返還に伴い、その代替施設を整備する必要から、日本政府（防衛省沖縄防衛局長）は辺野古沿岸を公有水面埋立法に基づき埋め立てることにしました。この間、名護市では条例に基づく住民投票が行われるなど（☞49頁）、様々な経緯があったのですが、平成25年12月27日、仲井眞弘多・沖縄県知事（当時）は、沖縄防衛局長からの公有水面埋立申請について承認しました（埋立承認）。ところが、平成27年10月13日、翁長雄志・沖縄県知事が、仲井眞前知事の行った埋立承認を取り消したことで（本件ⓐ処分）、紛争が裁判所に持ち込まれました。

①　平成27年10月14日、沖縄防衛局長は、国土交通大臣に対して、本件ⓐ処分の取消しを求める審査請求とともに本件ⓐ処分の執行停止を申し立てました。これは、公有水面埋立法に基づく埋立承認が第1号法定受託事務であることによるもので、国土交通大臣による裁定的関与（☞72頁）です。同月27日、国土交通大臣は申立てに基づき本件ⓐ処分の執行停止を認める決定をしました。これに納得できない沖縄県は、同年12月25日、執行停止決定の取消訴訟を那覇地裁に提起しました（平成28年3月4日、和解により訴え取下げ）。

②　平成27年11月2日、①の執行停止決定について、沖縄県知事は、国地方係争処理委員会（☞74頁、以下「委員会」とします）に審査の申出を行いました。しかし、委員会は、裁定的関与はその審査の対象となる「関与」には含まれないという理由で、同年12月28日付けで、申出を却下しました。これに納得できない沖縄県知事は、平成28年2月1日、却下決定の取消訴訟を福岡高裁那覇支部に提起しました（同年3月4日、和解により訴え取下げ）。しかし、「関与」とは、「審査請求、異議申立てその他の不服申立てに対する裁決、決定その他の行為を除く」（法245条3号かっこ書）（当時）と明確に定義されている以上、委員会の結論は致し方のないことです。沖縄県知事は、本件における国は、審査請求を行うこと自体が認められない「その固有の資格」にある（旧行政不服審査法には明文規定はなかったものの、そのように解されており、新行政不服審査法7条2項で明記されました）とも主張しましたが、委員会は、「その固有の資格」ではなく民間事業者と同じ資格であるという国の主張は、一見、明白に誤りであるとはいえないとしています。

③　平成27年11月17日、国土交通大臣は、本件ⓐ処分を取り消すための代執行（☞70頁）の手続として、福岡高裁に訴えを提起しました（翌年3月4日、和解により訴え取下げ）。

④ 平成28年3月4日の和解で、①②③とも訴えは取り下げられました。改めて国土交通大臣は、本件ⓐ処分を取り消すように沖縄県知事に是正の指示（☞70頁）を行い、これに不服の沖縄県知事からは、国地方係争処理委員会に審査の申出がなされました。今度こそ国地方係争処理委員会の判断が示されるかと、その動向に注目が集まったのですが、同年6月20日、国地方係争処理委員会は、一連の過程は「国と地方のあるべき関係からかい離して」おり、この状態の下で、是正の指示の適法性について判断したとしても、「国と地方のあるべき関係を両者間に構築することに資するとは考えられない」として、是正の指示が適法かどうかについては判断しないと結論づけました。国土交通大臣から不作為の違法確認の訴え（☞67頁）が提起され、最判平成28年12月20日民集70巻9号2281頁・百選120は、沖縄県知事が本件ⓐ処分を取り消さないことは違法であるとしました。

⑤ しかし、最高裁判決が下されても、辺野古紛争は収まりませんでした。平成30年8月31日に沖縄県副知事（翁長知事の死去に伴い、職務代理者となっていました）が再び行った埋立承認取消処分（本件ⓑ処分）に対して、沖縄防衛局長が同年10月17日に執行停止を申し立てたところ、同月30日付けで国土交通大臣は執行停止決定を行いました。この執行停止決定に対して、玉城デニー沖縄県知事は審査の申出を行ったのですが、国地方係争処理委員会は、平成31年2月19日、やはり裁定的関与は「関与」には当たらず、国（の機関）がその「固有の資格」において受ける処分にも当たらないとして、申出を却下する決定を通知しました。

⑥ その後、沖縄防衛局長から本件ⓑ処分について審査請求が行われ、同年4月5日付けで、国土交通大臣は本件ⓑ処分を取り消す内容の請求認容裁決を下しました（本件ⓖ裁決）。本件ⓖ裁決についても沖縄県知事は国地方係争処理委員会に審査の申出をしましたが、令和元年6月17日付けで却下されたため、沖縄防衛局長は審査請求を行うことが認められない「固有の資格」（行審法7条2項）に立っていると主張して、機関訴訟としての裁決取消訴訟を提起しました（地方自治法251条の5第1項1号）。最判令和2年3月26日民集74巻3号471頁・行政百選Ⅱ130は、「固有の資格」とは一般私人が立ち得ないような立場をいうとした上で、沖縄防衛局長が「固有の資格」に立っているとはいえないとして、訴えを却下した原審の判断を是認しました。

⑦ 本件ⓖ裁決について、沖縄県知事は（抗告訴訟としての）取消訴訟を提起したのですが、最判令和4年12月8日民集76巻7号1519頁・百選121は、審査庁のした裁決は（審査庁が処分庁の上級行政庁であるか否かにかかわらず）関係行政庁を拘束するとされていること（行審法52条1項）、法定受託事務に係る処分についての審査請求に関し法令所管大臣が行う裁決は、紛争の迅速な解決のために国地方係争処理委員会などの紛争処理の対象となる「関与」から外されていること（地方自治法

245条3号）などを根拠として、不適法であるとしました。

⑧　それと並行して、地盤改良工事を追加して行うため、沖縄防衛局長は、令和2年4月21日付けで、埋立地の用途および設計の概要に係る変更の承認の申請（本件変更申請）を行いました。しかし、沖縄県知事は、令和3年11月25日付けで、公有水面埋立法の規定に適合しないとして、これを不承認としました。そこで、沖縄防衛局長は、同年12月7日、国土交通大臣に対して審査請求を行い、国土交通大臣は、令和4年4月8日、変更不承認を取り消す裁決を下しました（本件⑦裁決）。ところが、沖縄県知事は裁決後も承認をしなかったため、国土交通大臣は、沖縄県知事に対し、変更承認をするよう是正の指示をしました（法247条の7）（本件指示）。沖縄県知事は本件⑦裁決と本件指示のいずれに対しても国地方係争処理委員会に審査の申出をしましたが、本件⑦裁決については同年7月12日付けで申出を却下する旨の通知が（後に裁判所に出訴するも、最決令和5年8月24日によって不適法却下を確定する上告不受理決定）、本件指示については同年8月19日付けで違法ではないと認める旨の審査の結果の通知を受けました。

　沖縄県知事は本件指示の取消しを求めて裁判所に出訴しましたが、最判令和5年9月4日裁判所ウェブサイトは、本件指示は適法であるとして請求を棄却しました。それでもなお、沖縄県知事が本件指示に従わず本件変更申請を承認しなかったため、国土交通大臣は、承認をするよう勧告・指示した上で、令和5年10月5日、代執行の訴え（法245条の8第3項）を提起しました（☞71頁）。福岡高那覇支判令和5年12月20日は、最判令和5年9月4日によって本件指示は適法である旨の判断が確定した以上は、沖縄県知事が本件変更申請に対し不承認とすることは違法であって、その他、補充性と公益侵害の要件も充足するとして、請求を認容しました。

（➡現代的課題220頁）

Chap. 7

自主行政権①
自治体の経済活動とまちづくりの手法

1 自治体の経済活動

(1) 組織形態の多様性

(ア) 地方公営企業

　自治体も、経済活動を行っています。経済活動に特化しているのが、上下水道、鉄道（市営地下鉄）、電気、ガス、自動車運送（市営バス）、船舶運送などのインフラストラクチャーに関連する**地方公営企業**です。公営競技も、地方公営企業によって行われます。地方公営企業は、法人格は自治体と一体でありながら、公営企業会計に基づく独立採算制が採られているなど、事業の独立性が一定程度認められています。職員採用や配転も、多くの場合、独立しています。なお、地方公営企業が一部事務組合の形態をとったものを企業団とよびます。

(イ) 地方三公社

　自治体が全額出資して設立した**土地開発公社、地方住宅供給公社、地方道路公社**のことを、**地方三公社**とよびます。地方三公社は、法人格は自治体から独立しているのですが、債務保証などを通じて、財政的に自治体と強い結び付きがあります。

　地方三公社の役割は、地価が右肩上がりであった時代に、自治体に先んじて土地を取得したり、先行開発したりすることでした。最判平成20年1月18日民集62巻1号1頁・行政百選Ⅰ92は、土地の先行取得を公社に委託した市の判断に裁量権の範囲の著しい逸脱・濫用があり、委託契約を無効としなければ最少経費最大効果原則（法2条14項、地方財政法4条1項）の趣旨を没却する特段の事情が認められる場合には、委託契約は私法上無効となり、市は土地の買取りのための売買契約を締結してはならない財務会計法規上の義務を負うとしてい

ます。

　しかし、バブル崩壊に伴う地価の大幅下落により、地方三公社は大幅な含み損を抱えることになり、出資した自治体の財政を圧迫しました。債務整理が終わり、解散したものも少なくありません。

㈱　第三セクター

　廃線となったかつての国鉄の赤字路線や新幹線開業後の並行在来線などは、自治体が出資する**第三セクター**を通じて運営されることが少なくありません。第三セクターの法人格は自治体から完全に独立しているため、厳密には、自治体が行う経済活動とは異なります。第三セクターの多くは、民間企業と同様、会社法に基づき設立される株式会社ですので、株主に対する財務諸表の公開など、企業統治（コーポレート・ガバナンス）や企業会計に関する規律が及びます。自治体が第三セクターにその意向を及ぼすためには、株式会社における株主としての地位に基づかなければならず、他の株主や大口の債権者（多くは地方銀行）の意向を無視することはできません。

　（➡現代的課題57頁）

(2)　**行政契約の活用**

　自治体が経済活動を行うほとんどの場合には、利用者との間で民法上の契約が締結されます。上水道の供給が典型的であり、自治体が事業主体として、利用者である個々の住民との間で給水契約を結びます。それぞれ水の売主、買主となる売買契約と考えればよいでしょう。したがって、事業主体は水道を供給する義務を、利用者は対価としての水道料金を支払う義務をそれぞれ負うことになり、一方が義務を履行しないときは、他方は民事法の規律に基づいて履行を求めることになります。

　このように契約の一方当事者が行政主体である契約のことを、**行政契約**とよびます。行政契約では、契約の相手・内容を当事者間の合意で自由に決めることができるという契約自由の原則（民法521条）が修正されます。

　給水契約の場合、人間の生存にかかわる飲み水を供給するという事業の性質

上、事業主体が正当な理由なく給水契約の締結を拒否することは許されません（水道法15条1項、☞88頁）。事業主体が自治体であるときは、法244条2項の問題でもあります。また利用者が住民であるときは、利用者間で不合理な差別となるような料金を設定してはなりません（法244条3項、☞184頁）。

(3) 公営競技

　競馬、競輪、競艇、オートレースといった**公営競技**は、それ自体は賭博罪や富くじ罪（刑法185条以下）で処罰される行為なのですが、その収益を関連産業の振興等のために公正に配分することに公益性が見出されるという理由で認められています。競馬の場合は、日本中央競馬会（JRA）の実施する中央競馬とは別に自治体が開催する地方競馬があり、ばんえい競馬や笠松競馬などが有名です。大井競馬を主催する特別区競馬組合のように、公営競技を実施するために一部事務組合が設置されている例も少なくありません。自治体財政に貢献してきた公営競技ですが、近年、長引く不況や娯楽の多様化に伴って収益性は悪化しており、存続が危ぶまれたり、廃止されたりする例も相次いでいます。

> **＊日田サテライト訴訟**
> 　大分県別府市は、日田市内に「別府競輪」の場外車券売場を設置しようとして、通商産業大臣から許可を得ました。これに対して、日田市が設置許可処分の無効等確認訴訟を提起したのですが、大分地判平成15年1月28日判夕1139号83頁・百選117は、許可制度の中に地元自治体の個別的利益を保護する趣旨はないとして、日田市の原告適格を認めませんでした。

(4) 自治体財政との関係

(ア) 地方公営企業の経営改善

　自治体がインフラストラクチャー関連事業を担うのは、収益を得るためではなく、それらの事業が住民の生活にとって必要不可欠だからです。したがって、都市部の交通事業のような例外を除いて、自治体による経済活動の多くは赤字です。人員や経費の節減といった経営努力を通じて、赤字をいかに減らすかが、

大きな課題となっています。地方公営企業の大きな債務が、自治体財政を圧迫することも稀ではありません。

⑷　**損失補償契約**

　自治体の長は、地方三公社や第三セクターについて、予算の執行状況の報告を徴し必要な措置を講ずることができます（法221条）。自治体が４分の１以上出資している団体の業務は、監査委員の監査の対象です（法199条７項）。

　北海道夕張市のように、地方三公社の債務が市の財政を破綻させてしまった事例もあります。地方三公社や第三セクターの場合、自治体と法人格は独立しているので、自治体は当然にはそれらの債務を返済する義務を負いません。しかし、地方三公社や第三セクターが銀行から借金をするとき、自治体が保証人となれば、それらの借金を抱え込むことも起こりえます。

　こうした事態を未然に防ぐために、財政援助制限法３条は、自治体がこれらの法人の債務を保証することを明確に禁じています。しかし、地方公社や第三セクターは財務基盤に乏しく、銀行としては資力に不安のある状態では危なくてお金を貸すわけにいきません（なお、土地開発公社と地方道路公社については、こうした事情から、法律が明文で自治体による債務保証を行うことを認めています）。そこで苦肉の策として実施されてきたのが、損失補償契約です。

　損失補償契約とは、たとえば第三セクターが銀行から受けた融資について返済不能となった場合に、自治体が第三セクターに代わって銀行の損失分を補償する契約のことです。保証契約（民法446条以下）と似ているものの、主たる債務への付従性・補充性・随伴性が認められない点で、保証契約とは異なるとされています。しかし、損失補償契約については、経済的な機能は保証契約と何ら変わらず、脱法行為ではないかという強い批判が寄せられていました。財政援助制限法３条違反として損失補償契約を無効と判断する下級審判決も現れて、銀行実務に波紋をよびました。

　安曇野市トマト園事件において最判平成23年10月27日判時2133号３頁・百選68は、第三セクターについての損失補償契約が財政援助制限法３条の類推適用で直ちに違法・無効となると解することは妥当でなく、その適法性・有効性は、

「普通地方公共団体は、その公益上必要がある場合においては、寄附又は補助をすることができる」と定める地方自治法232条の2の趣旨等にかんがみ、当該契約の締結に係る**公益上の必要性**に関して、自治体の執行機関の判断に裁量権の逸脱・濫用があったか否かによって決せられるとしました。

(ウ) 補助金投入による債務返済

この公益上の必要性について参考になるのが、**日韓高速船事件**です。山口県下関市は、民間企業との共同出資で第三セクターである日韓高速船株式会社を設立し、下関〜釜山間での高速船を就航させたのですが、会社の経営は早晩行き詰まり、破産しました。市長は、日韓高速船会社に対して、借入金返済など8億円余りの支払いに充てるために補助金を交付したところ、住民訴訟でその違法性が問われたという事案です。

最判平成17年11月10日判時1921号36頁・百選90は、事業の目的、連帯保証がされた経緯、補助金の趣旨、市の財政状況に加え、市長は補助金支出について市議会に説明し、市議会において特にその当否が審議された上で予算案が可決されたものであること、補助金支出は事業清算とは関係のない不正な利益をもたらすものではないことなどに照らすと、市長が補助金を支出することに公益上の必要があると判断したことは、裁量権の逸脱・濫用には当たらないとしました。

公益上の必要性の認定は総合判断であり、諸々の要素を勘案して決める以外にないと思います（➡現代的課題319頁）。なお、この事件は旧4号請求であり、市長個人が数億円もの住民訴訟の矢面に立つことは酷であるという指摘が、法242条の2第1項4号の改正に繋がりました（☞167頁）。

② まちづくりの手法

(1) 要綱行政

まちづくりの手法として法律が想定するのは、**許可制**です。開発事業者（デベロッパー）がマンションを建築するには、都道府県知事から開発許可を受ける必要があります（都市計画法29条）。開発許可の基準には、用途制限に適合し

ていること（同法33条1項1号）や地すべりなど土砂災害の防止上支障がないこと（同項8号）などがあります。その上で、建築確認を受けて、建物自体が耐震構造を備えていることなどを確認してもらう必要があります（建築基準法6条1項）。これらの規定に違反して無許可でマンションを建築すれば、開発事業者は処罰されます。許可制とは、相手の意思に反してでも行政目的を実現するために用いられる、権力的な手法なのです。

　しかし、開発許可制度が設けられるまで、乱開発を防ぐ法的しくみは存在していませんでした。また、法規制も安全確保に主眼が置かれ、急激な人口増加を抑制するといった需給調整的な規律は設けられてきませんでした。ところが、昭和40年代から、高度経済成長に伴う人口増加のために、大都市の郊外はベッドタウン化して、都市開発をめぐる様々な問題が生じていました。郊外の市町村は、人口や税収が増えるのはよいけれども、あまりに急な人口増加に上下水道や道路などのインフラストラクチャー整備が追い付かないと、地域の住環境が悪化するというジレンマを抱えていました。少子化の現在では想像がつきませんが、子どもが増えれば学校の教室がなくなってしまいます。乱開発への対応が、市町村の急務となったのです。

　そこで、健全な地域社会を形成するために、全国の市町村で策定されたのが、要綱です。**要綱**とは、自治体で内部的に定められた規範のことです。要綱に基づく行政活動のことを、**要綱行政**とよびます。

(2)　具体的な要綱の例

　要綱の典型例が、開発指導要綱です。**開発指導要綱**には、開発事業者に対して、①周辺住民から開発計画に対する同意を得ること（同意条項）、②立地市町村と協議すること（協議条項）、③法定外の規制に従うこと（規制条項）、④公共用地の提供や開発負担金の支払いなど、様々な負担に応じること（負担条項）といった規定が置かれます。具体例を掲げますので、一読してみてください。

大月市開発行為指導要綱（昭和49年7月23日決裁）
第1　この要綱は、無秩序な開発を防止し、良好な都市実現のため、開発行為を行な
　　う者（以下「事業主」という。）に対する行為の基準を定めるとともに、公共公益
　　施設の整備促進をはかることを目的とする。
第2　この要綱は、0.1ヘクタール以上の工場、住宅、レクリエーション……等の用
　　に供する目的で行なう開発行為に適用……する。
第3　事業主は、事業計画をあらかじめ市長に協議し、同意を得なければならない。
第4　1　事業主は、開発行為の施行前に計画全体について利害関係者と協議調整を、
　　はからなければならない。（略）
第13　事業主は、開発区域内に開発区域面積の3％以上の面積を有する公園を配置す
　　るとともに、周囲には防護柵を、園内には遊戯施設等を設けなければならない。
　　（略）
第18　1　事業主は、開発に伴つて築造された道路（幅員4メートル以上）道路の付
　　帯施設、公園、水源、水道施設等工作物及び公共空地……で特に市長が指定したも
　　のは、無償で市に提供しなければならない。（略）
第21　この要綱に基づき、同意を得た行為を変更しようとするときは当該変更部分に
　　ついても同意を得なければならない。
第24　この要綱による指導に従わない事業主に対しては別に定める行政便益を行なわ
　　ないほか必要な行政措置を講ずるものとする。

　ここで、「要綱は、行政内部に向けられた規範であるはずなのに、なぜ行政
外部の開発事業者に向けられた規定の仕方がなされているのだろうか」と疑問
に思ったならば、かなり鋭い着眼点です。要綱自体は、市町村の担当部局に対
して「開発事業者が開発を始めたら、このように対応しなさい（特に、このよ
うな行政指導をしなさい）」と定めた行政内部のマニュアルなのです。
　むろん、間接的にせよ、開発事業者に対して向けられたルールではあります。
ただし、要綱に基づいて開発事業者になされる**行政指導**には**法的拘束力**があり
ません。つまり、開発事業者にはこれらの行政指導に従う法的義務はないので
す。①周辺住民の同意を取り付ける必要はないし、②市町村との協議も要らな
い。③法定外の規制なのだから、従う義務はない。④負担にも応じなくてよい。
逆にいえば、そうであるからこそ、要綱で以上のような規定を置くことが許さ
れるわけです。もしも、開発事業者に法的義務を課すような内容であれば、必

ず条例で規定しなければならず、要綱で規定を置くことは許されません。

⑶　要綱行政が要請された理由——**法律先占論**

　要綱は条例とは異なり、行政内部的な効力しかもたず、行政外部への法的拘束力はありません。行政外部の私人に対しても効力をもつ規範を設けるのならば、条例を制定する必要があります。とすると、いわば条例制定が本筋であり、要綱行政は脇道です。ならば、なぜ市町村は本筋を通らなかったのか（条例を制定しなかったのか）と疑問に思うことでしょう。しかし、これには相応の理由があります。というのも、条例は「法律の範囲内」で制定されなければならないからです（憲法94条、法14条1項）。かつては**法律先占論**とよばれる考え方が支配的で、「地域の実情」を反映した条例を定めるためには、現在ほど自由度が高くありませんでした。また、開発許可は機関委任事務であったため、まちづくりに関して条例で定めを置くには、高いハードルが課せられていたのです（☞53頁、128頁）。これに対して、要綱は内部的な行政規則にすぎないため、容易に策定することができました。市町村は、法律と条例の抵触を回避しながら、何とか公益を確保するために要綱行政をしてきたという時代背景は理解しておくとよいでしょう。

⑷　要綱行政（行政指導）の限界
㋐　問　題　点

　しかし、要綱行政には、法治主義の観点から大きな問題がありました。「行政指導に従う法的義務はないのだから、問題ない」というのは建前にすぎず、実際には、行政庁が許認可権限などをちらつかせて、開発事業者に対して義務のない行政指導に従うように強要することが少なくなかったのです。具体例を2つみていきましょう。

㋑　建築確認の留保——**品川マンション事件**

　昭和47年10月、東京都品川区で、開発事業者Aがマンションを建設するために建築確認の申請を行いました。しかし付近住民がマンション建設に反対して

いたため、東京都の紛争調整担当課職員は、事業者に対して、付近住民と話し合って紛争を円満に解決するように行政指導を行いました。その間、建築確認の審査をしていた東京都建築主事は、12月末には申請自体に問題はないと判断したのですが、紛争解決まで建築確認を留保することにしました。

　ところが、昭和48年2月になり、東京都は新高度地区案を発表し、すでに確認申請をしている建築主に対しても行政指導で設計変更を求めていくことにしました。Aは、このまま指導に従い続けたら設計変更により多大な損害を被るおそれがあると考えて、3月1日、東京都建築審査会に対し、自身の申請を速やかに処理するように審査請求を申し立てました。4月2日に、ようやくAは建築確認を受けることができましたが、違法な建築確認の遅延によって損害を受けたとして、東京都に対し、昭和48年1月5日から約3か月分の損害賠償を請求しました。

　最判昭和60年7月16日民集39巻5号989頁・百選42は、建築主が任意に行政指導に応じている間は建築確認を留保しても違法ではないけれども、建築主が行政指導には応じられないとの意思を真摯かつ明確に表明し、建築確認申請に直ちに応答すべきことを求めている場合には、行政指導に対する建築主の不協力が社会通念上正義の観念に反するものといえるような特段の事情がない限り、行政指導が行われているとの理由だけで確認処分を留保することは違法であるとしました。具体的には、3月1日以降の確認処分の遅延が違法とされて、損害賠償が認められました。

(ウ)　給水契約の拒否——武蔵野マンション事件

　東京都武蔵野市では、昭和46年に「宅地開発等に関する指導要綱」を制定し、10m以上の中高層建築物を建てる場合には日照に影響を受ける関係住民の同意を得ること、建設計画が15戸以上の場合には小中学校の用地取得費・施設建設費を「教育施設負担金」として市に寄付することなどを開発事業者に求めてきました。

　開発事業者Bは、関係住民の過半数の同意は得たのですが、関係住民すべての同意を得るように求める市長と紛争になりました。Bは市長に給水契約を申

し込んだものの、申込書の受領が拒絶されたため、「正当の理由」なしに給水契約の締結を拒否することを禁じる水道法15条1項に違反したとして、市長が起訴されました。最決平成元年11月8日判時1328号16頁・行政百選Ⅰ89は、行政指導に従わせるために給水契約の締結を留保することは許されないとして、「正当の理由」を認めず、市長を有罪としました。

　市に1,500万円余りの教育施設負担金を納付した開発事業者Cは、負担金の要求は違法な「公権力の行使」であるとして、納付額分の損害賠償を市に請求しました。最判平成5年2月18日民集47巻2号574頁・百選40は、給水契約の締結拒否等の制裁措置を背景として、マンションを建築しようとする者に教育施設負担金の納付を事実上強制したものであり、本来任意に寄付金の納付を求めるべき行政指導の限界を超えた違法な「公権力の行使」であるとしました。

＊志免町マンション事件
　このように、行政指導に従わないことを理由に給水契約の締結を拒否することには「正当の理由」が認められず、違法です。他方で、福岡県志免町（しめまち）が420戸分の給水契約申込みを拒否した事案では、最判平成11年1月21日民集53巻1号13頁・百選45が、このままでは深刻な水不足が避けられないといった事情があるときは、水道水の需要の著しい増加を抑制するために給水契約の締結を拒否することにも「正当の理由」があるとしています。

---

(5)　行政手続法と行政手続条例

　判例の展開を受けて、平成5年の行政手続法を皮切りに、各自治体で**行政手続条例**が制定されました。行政手続法第4章では**行政指導**に関する規定が設けられ、同法33条は、「申請の取下げ又は内容の変更を求める行政指導にあっては、行政指導に携わる者は、申請者が当該行政指導に従う意思がない旨を表明したにもかかわらず当該行政指導を継続すること等により当該申請者の権利の行使を妨げるようなことをしてはならない」と定めて、品川マンション判決を確認しています。

　ただし、行政指導への拒絶の意思表明は「真摯かつ明確に」なされなくとも

表　行政手続制度に登場する用語

用語	市民に対するわかりやすい説明の例	用例
申請	法律や条例に基づいて、許可、認可、免許などを受けられるかの判断を、国・自治体に求める行為	～営業の許可申請、～計画の認可申請、～士の免許申請
申請に対する処分	国・自治体が、申請書類等を審査して、許可、認可、免許などをするかどうかを判断し応答する行為	～営業の許可・不許可、～計画の認可・不認可
審査基準	国・自治体が、許可、認可、免許などをするかどうかを定めた、具体的な判断基準	～営業の許可基準、～計画の認可基準
不利益処分	国・自治体が、法律や条例に基づいて、市民に義務を課したり、許可、認可、免許の取消しなどをする行為	～営業の停止命令、～開発許可の取消し、～是正命令
処分基準	国・自治体が、市民に、どのような場合にどの程度の義務を課したり、許可、認可、免許の取消しなどをするかどうかを定めた、具体的な判断基準	～営業の停止期間に関する基準、～開発許可の取消事由に関する基準
行政指導	国・自治体が、その権限の範囲内で、公益を実現するために、市民の任意の協力を求める行為	指導、勧告、助言
届出	法律や条例に基づいて、ある事柄を、国・自治体に知らせる行為	～業の廃止届、氏名等の変更届
命令等	法律や条例に基づく命令や規則、審査基準、処分基準、行政指導指針	政令、省令、規則、指導要綱など

(出典)　自治体法務検定委員会編『自治体法務検定公式テキスト　政策法務編　平成26年度検定対応』（2013年、第一法規）271頁。

よく、品川マンション判決にあった「行政指導に対する建築主の不協力が社会通念上正義の観念に反するものといえるような特段の事情」という言い回しは削られています。これらはいずれも行政指導を正当化する事由ですから、行政手続法では、行政庁に対して厳しい態度が示されたわけです。

　行政手続法では、それ以外にも要綱は「**行政指導指針**」と定義され（同法2条8号ニ）、行政指導指針を定める際には**パブリック・コメント**に付すことが義務付けられるなど（同法39条以下）、手続的規律が強化されました。平成26年の改正で、私人の側から**行政指導の中止**を求めることも可能になりました（同法36条の2）。

　ただし、自治体が行う行政指導には行政手続法の適用はなく（同法3条3項）、行政手続条例が適用されるという点には、注意が必要です。そうであるならば、行政手続法の理念から離れない程度で、自治体ごとに地域の実情に合わせた条例を制定すればよいのです。山梨県大月市の行政手続条例31条1項は、行政手

続法33条と一言一句同じですが、条例には2項が設けられており、「前項の規定は、申請者が行政指導に従わないことにより公共の利益に著しい支障を生ずる恐れがある場合に、当該行政指導に携わる者が当該行政指導を継続することを妨げない」とされています。品川マンション判決における「特段の事情」がある場合の例外を定めたのです。具体的には、開発事業者と付近住民との間に実力衝突が起きる危険が存在する場合などが想定されます（参照、最判昭和57年4月23日民集36巻4号727頁・行政百選Ⅰ120）。東京のベッドタウンとして乱開発に悩まされた大月市の地域の実情を反映しているのでしょう。

　自治体は、現在まで、法治行政のルールを守りつつ、調和のとれたまちづくりを実現するためにはどうしたらよいか、頭を悩ませてきました。近年では、かつてほど条例制定に制約はなく、創意工夫を凝らすことが可能になっています（☞136頁）。

Chap. 8

自主行政権②
決まりを守らない住民への対処と情報公開・個人情報保護

■1 決まりを守らない住民への対処

⑴ 行政罰（刑罰・秩序罰）

㈎ 刑罰と秩序罰

　自治体は、条例により、**刑罰**と**秩序罰**を科すことができます（法14条3項）。秩序罰は、規則でも科すことが可能です（法15条2項）。これは、決まりを守らないときは刑罰や秩序罰を科すとすることで、義務の履行を確保するしくみです。刑罰と秩序罰（合わせて**行政罰**とよばれます）は、地方自治法上も並んで規定されていて、何かと混同されるのですが、その法的性質はかなり異なります。

㈏ 刑　　罰

　条例または条例に基づく処分により課せられた義務に義務者が違反した場合には、制裁として**刑罰**を科すことができます。条例では、2年以下の拘禁刑、100万円以下の罰金、拘留、科料、没収の刑罰を科すことが認められています（法14条3項）。憲法31条との関係は、後で説明します（☞125頁）。

　刑罰ですので、刑法総則の適用を受け、刑事訴訟法の手続が及びます。具体的には、窃盗犯や放火犯などと同様に、警察による強制捜査が行われ（被疑者の逮捕・勾留といった身柄拘束がなされることもあります）、検察官による公訴の提起、公判手続を経て、裁判所の判決を通じて、刑罰が科されるということです。刑罰が科されることに不服のある者は、被告人として、刑事訴訟の中で防御を尽くさなければなりません。

　刑罰は、強力である反面、捜査機関との緊密な連携が必要であるほか、証拠の取扱いなど手続が厳重であるため、行政にとって使い勝手のよい手法とはいえません。

＊直罰方式とワンクッション方式

　公益上望ましくない行為を禁止する手法として、直罰方式とワンクッション方式（命令前置方式ともいいます）があります。**直罰方式**とは、法律違反を行った者を直ちに処罰する方式のことで、殺人罪や強盗罪など、刑法犯罪に多くみられます。**ワンクッション方式**とは、法律違反行為に対して一旦行政庁の業務停止命令などを介在させ、それに従わなかった者を処罰する方式のことで、行政法関係の刑罰に多くみられます。

㈦　**秩　序　罰**

　自治体の長は、行政上の秩序維持のために、義務違反に対して5万円以下の**過料**を科すことができます（法14条3項・15条2項）。過料は、刑罰ではないため、過料を科す手続に刑法総則・刑事訴訟法は適用されず、自治体の長が相手方に被疑事実を告知し、弁明の機会を与えた上で行政処分によって行われます（法149条3号・255条の3）。

　過料は、これまで届出義務違反などで用いられてきましたが、最近では、路上喫煙禁止条例の違反などに対して科されています（東京高判平成26年6月26日判時2233号103頁・百選49）。東京都千代田区の生活環境条例24条は、路上の歩きタバコやタバコのポイ捨てに対して2万円以下の過料を科すと定めています（実務上の運用では、2,000円とのこと）。これは行政処分で科されるため、過料に不服のある者は、取消訴訟を提起して争うことになります。

　なお、転居届の不提出など、法律に定められた過料は、非訟事件手続法に基づいて裁判所により科されます（住民基本台帳法23条・52条2項）。

(2)　**インフォーマルな制裁**

㈠　**インフォーマルな制裁とは**

　自治体は、行政上の義務履行を促すために、必ずしも相手方の権利を制限し、義務を課すとはいえないようなインフォーマルな制裁手段を用いることがあります。これには、違反事実の公表、行政サービスの拒否・停止、相手が従うまで続けられる行政指導など、様々なものがあります。執拗な行政指導が許され

ないことは、前に説明したとおりです（☞87頁）。

(イ) **違反事実の公表**

　行政実務では、条例または条例に基づく処分で課せられた義務に違反したり、行政指導に従わない者に対して、違反者の氏名とともに違反事実を公表することが、しばしば行われています。このような**違反事実の公表**は、住民に対する単純な情報提供の趣旨である場合には条例の根拠を要しないと考えられています。しかし、事柄の性質上、違反者に対する侵害との差は紙一重ですので、念のために条例に根拠を置くことが望ましいでしょう。

(ウ) **行政サービスの拒否・停止**

　近年では、地方税や使用料等の滞納者に対しては許認可をしないとか、公営住宅の入居を拒否するといった事項を定める条例がみられます。こうした**行政サービスの拒否・停止**は、地方税や使用料等の滞納に悩む自治体にとって苦肉の策ですが、滞納している使用料等と関連性があるものに限られるべきでしょう。たとえば、行政指導に従わないことのみを理由として水道供給契約の締結を拒否することはできません（☞88頁）。また、水道料金の滞納者に水道供給を停止することは認められますが、税金滞納者の家だから火事になっても消火活動に出かけないことは許されないでしょう。

(エ) **インフォーマルな制裁の限界**

　インフォーマルな制裁は、条例の根拠が要らないので、多くの局面で用いられています。しかし、法律（条例）による行政の原理との関係で問題が生じることがあります。留意する必要があるのは、住民に対して義務を課し、またその権利を制限するには、条例によらなければならないことです（法14条2項）。これを「**法律の留保**」に倣って「**条例の留保**」ということがあります（☞124頁）。

　インフォーマルな制裁の場合であっても、あまりに度がすぎると、住民への"侵害"であると評価されて、「条例の留保」に反する違法なものと判断される可能性があります。念のために、条例に根拠規定を置くべきでしょう。

　自治体は、インフォーマルな制裁であっても、達成しようとする目的と比較

して相手方に過大な負担を課したり（比例原則）、濫用的に用いたりしないように留意しなければなりません。行政手続条例などで適正手続について定めて、行政が濫用的に制裁手段を用いることを禁じておくべきでしょう。

(3)　行政執行の問題

(ア)　行政代執行法

　行政執行に関する事実上の一般法が、行政代執行法です。**行政代執行**（単に「**代執行**」ともいいます）とは、義務者が代替的作為義務（他人が代わりにできる行為）を履行しない場合に、行政庁または行政庁の指定する第三者が、その義務者本人に代わってその行為を実施し、実施に要した費用を義務者本人から徴収する一連の手続のことです（行政代執行法２条）。行政代執行は、違法な建築物や屋外広告物を撤去するときなどに用いられます。近年では、空家特措法に基づいて危険な特定空家を行政代執行で撤去したことが、しばしば報道されます（☞136頁）。

＊浦安町ヨット係留杭強制撤去事件

　昭和55年６月、千葉県浦安町（現在の浦安市）の町長は、緊急の必要から、漁港に打ち込まれていたヨット係留用の鉄杭を強制撤去しました。しかし、当時の浦安町は漁港法に基づく漁港管理規程を制定しておらず、強制撤去を行う法律上の根拠を欠いていました。そこで、財務会計上違法な支出があったとして、住民訴訟が提起されたという事案です。最判平成３年３月８日民集45巻３号164頁・百選48は、緊急避難（民法720条）の法意に照らしても、町長が鉄杭撤去の費用を支出した行為に財務会計上の違法は認められないとしました。

(イ)　行政代執行の手続

　行政代執行を行うことができるのは、条例または条例に基づく行政処分によって命ぜられた代替的作為義務の不履行について、他の手段によってその履行を確保することが困難であり、かつ、その不履行を放置することが著しく公益に反する場合です（行政代執行法２条）。実際には、条例により直接義務が課されていることよりも、屋外広告物条例に基づく除却命令など、条例に基づく行

政処分によって義務が課されることの方が多くみられます。この辺は、直罰方式とワンクッション方式の差異と似ていますね。

宗像市空き地の清潔保持に関する条例（平成18年条例第6号）

第1条　この条例は、……空き地の清潔保持に関し、必要な事項を定めるものとする。
（略）

第3条　空き地を所有し、占有し、又は管理する者……は、当該空き地が不良状態とならないよう常に適正に管理しなければならない。

第4条　市長は、前条の規定に違反して空き地が不良状態であると認めるときは、当該空き地の所有者等に対し、空き地の適正管理について必要な指導又は助言をすることができる。

第5条　市長は、前条の指導又は助言にもかかわらず、当該空き地について適正な管理がなされない場合は、当該空き地の所有者等に対し、期限を定めて、必要な措置を講ずるよう勧告することができる。

第6条　市長は、前条に規定する勧告を受けた者が、正当な理由がなく当該勧告に従わないときは、期限を定めて、当該勧告に従うべきことを命ずることができる。

第7条　市長は、空き地の所有者等が前条の規定による命令を履行しない場合において、他の手段によってその履行を確保することが困難であり、かつ、その不履行を放置することが著しく公益に反すると認められるときは、行政代執行法（昭和23年法律第43号）の定めるところにより、自ら当該所有者等の行うべき行為をなし、又は第三者をしてこれをなさしめ、その費用を空き地の所有者等から徴収する。

　実際に代執行を行うことができるのは、義務者に対して相当の履行期限を示した上で、その期限までに履行がなされないときは代執行をなすべき旨をあらかじめ文書で戒告し、指定された期限まで履行がなされなかったときに、代執行令書（代執行をなすべき時期、代執行の責任者の氏名、代執行に要する費用の概算による見積額を明記）による通知を行い、それでもなお義務者が履行しなかったときに限られます（同法3条）。ずいぶんと義務者に履行の猶予が認められているのは、代執行は強制的な権限の行使であり、公益実現のための最後の手段だからです。

　自治体は、代執行の実施がなされた後、費用徴収命令を発して、義務者に対し代執行に要した費用の納付を求めます（同法5条）。費用の徴収には、滞納処分を用いることが認められています（同法6条1項）。

㈦ 代執行の不全

　現行法制で重視されているのは、行政権の濫用を抑えるためのシステムの構築です。しかし、長らく、これとは逆の「**代執行の不全**」が問題とされてきました。特に指摘されるのが、代執行費用を確実に義務者から徴収することの困難です。現在、自治体職員は、廃棄物の不法投棄など、違法行為をする住民に対して、その義務をいかに履行させるかについて、頭を悩ませています。公権力の濫用を戒めるべきことはいうまでもありませんが、決まりを守らない住民に対して必要最小限の権限を行使することも、劣らず重要です。自治体では、経験やノウハウの不足から、権限行使を躊躇することが多いといわれてきましたが、空き家条例と空家特措法の登場によって、だいぶ代執行も一般的になってきました。

㈣ 滞　納　処　分

　国税の徴収については、税務署長に**滞納処分**という自力執行の方法が認められています（国税通則法40条、国税徴収法）。これは地方税でも同様です（参照、地方税法331条など）。具体的にいうと、長は、税金を滞納している者の財産（典型的には預金口座）を差し押さえて、強制徴収することが認められているのです。分担金、加入金、過料、法律で定める使用料についても、滞納処分を用いることが可能です（法231条の3第3項）。通常の民事債権とは異なり、裁判所の民事執行手続を利用しないで債権を執行することが可能なのは、租税債権など公租公課の性格上、確実迅速に徴収を図らなければならないからです。

⑷　民事執行手続の利用

㈦　自治体が民事執行手続を利用できる場合——財産権の主体として権利実現を求める場合

　自治体も法人ですので、権利・義務の帰属主体（具体的には、財産権の主体など）となります。貸金返還請求権などの通常の民事債権については、自治体は、民事裁判などを経て債務名義（確定判決や和解調書など、債権の存在を公に証する書面のこと）を取得した上で、裁判所の行う**民事執行手続**を利用して、債権の

回収を行います（⇔租税債権などの公租公課の場合に、自力執行が認められていることとの違いに注意してください）。道路の占有権のような物権についても、妨害排除請求権を行使して、民事執行手続を利用することが認められています（最判平成18年2月21日民集60巻2号508頁・百選60）。このように、自治体が**財産権の主体として権利の実現を図る場合**には、裁判所の行う民事執行手続を利用することができることに争いはありません。これらの局面は、私人が他人に貸したお金を返してもらったり、自己の所有地を不法占拠している者に立退きを求めたりする局面と違いがないからです。

㈑ 自治体が民事執行手続を利用できないとされる場合——もっぱら行政権の主体として権利実現を求める場合

問題は、違法建築物の建築中止命令のような行政上の義務の履行を求めるために、裁判所の行う民事執行手続を利用できるか否かです。最高裁は、**兵庫県宝塚市パチンコ条例判決**（最判平成14年7月9日民集56巻6号1134頁・百選50）において、財産権の主体としてではなくもっぱら**行政権の主体として権利実現を求める場合**は、法規の適用ないし一般公益の保護を目的とするものであって自己の権利利益の保護救済を目的とするものではないから「法律上の争訟」（裁判所法3条）とはいえないとして、法律に特別の定めがなければ裁判所を利用することはできないとしました。しかし、裁判所に求めている内容は民事差止請求としての工事中止の場合と何も変わらないのに、行政権の主体として権利実現を図る場合にはなぜ民事執行手続の利用が認められないのか、理解に苦しみます。この判決は、違法建築物の放置を裁判所が助長するに等しい結論であるとして、学説・行政実務から強い批判を浴びています。

㈒ 自治体が公害防止協定の履行を求める場合

他方で、最高裁は、自治体が工場事業者などと個別に締結する**公害防止協定**の遵守を求める場合には、民事執行手続を利用することを認めています。最判平成21年7月10日判時2058号53頁・百選44は、公害防止協定で約束した期間を過ぎても、産業廃棄物最終処分場が操業を停止しなかった場合に、民事執行手続で操業差止めを強制できるとしました。しかし、この場合の自治体は、財産

権の主体として公害防止協定の履行を求めているのではなく、それこそ行政権の主体として、公益実現のために公害防止協定の履行を求めているのであり、宝塚市パチンコ条例判決と矛盾していると思います。いずれにせよ、協定を通じて課した義務を履行させるためならば、自治体も民事執行手続が利用できることは頭に入れておくとよいでしょう。

＊公害防止協定の法的性格

　公害防止協定の法的性格には争いがあり、(a)単なる紳士協定にすぎず相手方に約束を履行するように強制することはできないとする紳士協定説と、(b)行政契約の一種であり、約束の履行を強制することも可能であるとする契約説が対立しています。最高裁は(b)**契約説**を採用したわけですが、公害防止協定で約束した内容の実現を確実に図るためには、妥当であると思います。協定が強い法的拘束力をもつのは、自治体と事業者の双方が自由意思でその内容に合意したからですので、協定の締結過程に公正・透明さが求められることはいうまでもありません。

---

② 情報公開・個人情報保護

(1) 行政と情報

　あなたが自治体職員として、新種の家畜伝染病への対策を迫られる局面を想像してみましょう。鹿児島県や宮崎県の畜産・養鶏業者が大打撃を受けた口蹄疫や鳥インフルエンザは、記憶に新しいと思います。しかし、「新種の家畜伝染病」といわれても、まず流行源は世界のどこで、感染する家畜の種類は何であり、いかなる症状を発し、致死率・潜伏期間はどのくらいで、いかなる径路で感染が拡大するのかがわからないと、対処のしようがありません。さらに、その地域で盛んな畜産業の態様はもちろん、産業構造（農村か、漁村か、工業地域か、都市部か）や気候（常夏の離島か、北国の山村か）まで正確に把握していないと、その家畜伝染病に合わせた冷静な対策は立てられないでしょう。

　行政活動にとって、**情報**は不可欠です。社会のしくみが複雑になっている現代では、情報の役割はいよいよ増しています。さらに、行政活動はルールに則った組織的な指揮・命令系統に基づいて整然と行われるため、行政活動の記録

だけでも膨大な情報が蓄積されています。これらの情報を上手に利活用することで、よりよい行政が実現されることは疑いありません。その反面、行政が蓄積している膨大な個人情報が誤った目的のために使われれば、大変なことになります。情報の正しい上手な活用は、現代の行政活動の鍵なのです。

(2) 情報公開のしくみ

(ア) 情報公開制度の目的

　情報公開が求められるのは、行政の判断過程について国民に説明することを通じて、「国民の的確な理解と批判の下にある公正で民主的な行政の推進に資する」（行政機関情報公開法1条）ためです。行政活動は膨大な文書に基づいて行われるため（文書行政）、それらが開示されれば、いかなる過程で意思決定がなされ、いかなる指揮・命令系統を経て、誰の手でどのように当該活動が実施されたのか、事後的な検証が可能となります。もし特定の利益集団からの働きかけにより行政の意思決定が歪められた事実が明らかになれば、事後的に国民の強い批判に晒されます。それだけではありません。行政の側でも事後的に情報公開がなされることがわかっていれば、癒着が生じることは未然に防がれるでしょう。国民から見られているという意識を通じて、行政に生じる不正の芽を事前に摘み取ることが、情報公開の目的なのです。

(イ) 地方自治と情報公開制度

　地方自治との関係で特筆すべきは、自治体の情報公開条例の制定が、国の行政機関情報公開法の制定（平成11年）に先駆けて行われたことです。すなわち、昭和57年に山形県金山町と神奈川県で相次いで**情報公開条例**が制定され、全国の自治体がこれに続きました。国の法律が制定された平成11年には、大半の自治体が情報公開条例を備えていたのです。また、行政機関情報公開法では、自治体が保有する文書は適用の対象外としています。そのため、自治体が保有する文書に関する規律は、各自治体の情報公開条例に委ねられています（行政機関情報公開法25条参照）。たとえば、国の官庁で作成された文書が職務の関係から神奈川県庁で保管されていたようなときには、神奈川県情報公開条例に基づ

き、知事に対して当該文書の公開を求めることが可能です。情報法制では、条例の規律内容が重要なのです。

㈑　情報開示のしくみ

　情報開示の基本的なしくみは、法律・条例とも同様なので、国の行政機関情報公開法を例に説明します。

⑷　**開示請求**　　何人でも情報開示請求は可能であり（外国人や子どもであってもよい）、開示請求の目的は問われません（同法3条）。これに対して、自治体の情報公開条例の中には、開示請求権者を住民に限定するものがみられます。

⑸　**行政文書**　　情報の開示を求める者は、行政機関に対して、当該**行政文書**の開示を申請します（同法4条1項）。この「行政文書」は、組織内部での決裁・供覧を終えたか否かを問いません。決裁・供覧の有無を問題にすると、「この文書はまだ決裁を終えていません」として開示を拒む運用が続出するからです。また、テープやビデオも「行政文書」に含まれます。行政機関では、行政手続法・条例の「申請に対する処分」の規定に従い、開示の可否につき審査することになります。

⑹　**非開示情報**　　行政機関は、当該行政文書が**非開示情報**に該当していない限り、開示請求に応じなければなりません（国の法律の場合は「不開示情報」、条例の場合は「非開示情報」とよばれることが多いです）。非開示情報とは、①特定の個人を識別することができる情報、②法人や事業を営む個人の権利、競争上の地位その他正当な利益を害するおそれがあるもの、③公にすることにより国の安全や他国との信頼関係が損なわれるおそれがあるものなどです（同法5条参照）。

⑺　**不服申立て・抗告訴訟**　　もしも非開示決定がなされた場合、これに不満のある申請者は、処分の不服申立て・抗告訴訟を提起することができます。不服申立てがなされた場合、行政機関は、**情報公開・個人情報保護審査会**に諮問しなければなりません（同法19条）。情報公開・個人情報保護審査会には、**インカメラ審理**が認められています（情報公開・個人情報保護審査会設置法12条）。

> **＊インカメラ審理**
>
> 　審理を行う者が、実際に行政文書を閲覧してその開示の可否について判断するしくみのことを、インカメラ審理とよびます。その文書を一般に開示すべきか否かを判断するためには現物を見るのが最も手っ取り早いことから、認められています。

(3)　個人情報保護のしくみ

　個人情報保護とは、一言でいえば「自己情報コントロール」のしくみです。行政は個人に関する様々な情報を収集・管理しています。しかし、収集した情報の内容が間違っていたり、収集目的以外に情報を流用されたりしたら、個人の権利・利益を著しく損ないます。そのような事態を防ぐためには、自己に関する情報を把握する手段が認められる必要があります。

　十数年前に「消えた年金記録」が問題となったことを覚えている人は多いと思います。そこで、次の事例を考えてみましょう。20歳から切れ目なく年金保険料を納付し続けてきたＡさんは、受給開始年齢に達したにもかかわらず、何ら国民年金の支払いがなされません。心配になったＡさんですが、ふとしたきっかけから、20歳から40歳まで年金保険料を納めていなかったと記録されていたことが判明しました。20年も未納期間があったと扱われていれば、どうりで国民年金は支払われないわけです。

　ここでＡさんは、いかなる権利が認められれば、状況を打開することができるか考えました。まず、20年間もの未納期間があることは事実に反しますから、年金記録を、その期間、きちんと年金保険料を納めてきたという内容に訂正することが認められなければいけないでしょう。これが、①**訂正請求権**です（個人情報保護法90条１項）。また、Ａさんの場合には、幸いにも自己の年金記録が間違っていることが判明しましたが、そう幸運な人ばかりではありません。どのようにして行政が保管する自己に関する情報を知るのかということも、１つの問題です。つまり、訂正請求権を行使する前提として、自己に関する情報の開示を求めることのできる②**開示請求権**が認められなければなりません（同法76条１項）。

　自己情報のコントロールは、内容面の正確さの確保だけでなく（なお同法5条参照）、その使い道の範囲を把握することにまで及ぶ必要があります。行政が保管している情報の内容は大抵の場合正確ですので、むしろこちらが主眼ともいえます。行政機関の長は、法令に基づく場合を除き、利用目的以外の目的のために保有個人情報を自ら利用し、または提供してはなりません（目的外利用の禁止。ただし本人の同意があるときなどは除きます。同法69条1項・2項）。目的外利用が禁止される趣旨は、氏名、生年月日、性別、住所、職業、家族構成、収入、病歴、犯罪の前科など、行政が蓄積している様々な個人情報を突き合わせることで、まるでジグソーパズルのピースを埋めるように、ある個人の生きざまを手に取るように把握することが可能になってしまうからです（名寄せ（データ・マッチング）の禁止）。何人も、自己の個人情報が利用目的以外の目的で使用されていることが判明したときは、③**利用停止請求権**を行使することができます（同法98条1項）。いうまでもなく、個人情報の漏えいは許されません（同法66条1項）。自治体が不法行為に基づく損害賠償責任を負うことも起こりえます（大阪高判平成13年12月25日判自265号11頁・百選23）。

　これら、①**訂正請求権**、②**開示請求権**、③**利用停止請求権**が、個人情報保護法制の柱です。請求者が行政機関にこれらの権利行使を拒否されたときは、処分の不服申立て・抗告訴訟を提起することができます。不服申立てがなされた場合、やはり行政機関は情報公開・個人情報保護審査会に諮問しなければなりません（同法105条1項・3項）。

＊個人情報法制の一元化

　情報公開法制と歩みを同じくして、自治体の個人情報保護法制は、それぞれの個人情報保護条例によって定められていました。しかし、①情報セキュリティの難易度が飛躍的に増したこと、②EUの一般データ保護規則（GDPR）の「十分性」認定を受けるために一元的な機関の監督を受ける必要が生じたこと、③病院の診療記録など匿名加工情報の利活用という視点からフォーマットの統一が求められたことなどから、令和5年から国の個人情報保護法へと一本化されました。

Chap. 9

自主財政権

■1 地方財政のしくみ

⑴ 予算の流れ

　財政は、難しい概念と数字の羅列でいやになるので、最小限、次のことだけ理解してください。自治体は、民間企業とは異なり、大規模に収益事業を行っているわけではありません。自分自身でどうにかできる収入（**自主財源**）といえるのは、地方税だけです。それ以外には、借金としての地方債、国から交付される国庫補助金等と地方交付税交付金があり、これらが大きな割合を占めていることが、地方財政を苦しくしている原因です。

　以上のことだけ理解していただければ、これからの細かい内容は、あまりかまえずに「そんなふうになっているのか」くらいの気持ちで読んでもらってかまいません。財政のやりくりは、収入と支出からなっています。法的には、**歳入**と**歳出**とよびます。自治体の会計年度は、毎年4月1日に始まり、翌年3月31日に終わります（法208条1項）。会計は、**一般会計**と**特別会計**に分かれています（法209条1項）。特別会計というのは、地方公営企業の会計などのことです。一会計年度における一切の収入・支出は、すべて歳入歳出予算に編入しなければなりません（法210条）。

　各会計年度の歳出は、その年度の歳入をもって充てるのが原則です（会計年度独立の原則、法208条2項）。しかし、数か年にわたって支出することが求められるプロジェクトについては、継続費とすることが認められています（法212条）。同様に、その年度内に支出が終わらないものは、繰越明許費として使用することができます（法213条）。これ以外のもので、債務の保証など偶発的な事由が発生したときの支出については、債務負担行為として定めておく必要が

あります（法214条）。

　予算は、①歳入歳出予算、②継続費、③繰越明許費、④債務負担行為、⑤地方債、⑥一時借入金、⑦歳出予算の各項の経費の金額の流用からなります（法215条）。⑤⑥については項目を改めて説明します（☞110頁）。予算外の支出に充てるため、歳入歳出予算には予備費を計上しなければなりません（法217条1項）。これ以外に、当初予算、補正予算、暫定予算の区分が重要です。**当初予算**とは、4月に会計年度が始まるときの予算のことです。議会が混乱しているなど何らかの事由により、新年度が始まるまでに当初予算が成立しないときは、一定期間について定めた**暫定予算**が用いられます（法218条2項）。**補正予算**とは、予算の調製後に生じた事由に基づいて、当初予算に変更を加えたもののことで、大抵は秋以降、国から交付される国庫補助金や地方交付税交付金の額が決まってから組まれます。

　予算を調製して議会に提出するのは長の権限ですが（法149条2号・218条）、予算を定めるのは、議会の権限です（法96条1項2号）。予算を定める議決があったときは、3日以内に議会の議長から長へと送付され、長はその要領を住民に公表する必要があります（法219条）。決定された予算を執行するのは、長の権限です（法149条2号・220条1項）。なお、予算を伴う条例案は、予算措置が的確に講ぜられる見込みが得られるまでは、議会に提出することはできません（法222条1項）。

　自治体は、自らの事務を処理するために必要な経費その他法律・政令によりその負担に属する経費を支払うことになっています（法232条1項）。国が自治体に対して法律・政令で事務処理を義務付けている場合には、国は、そのために要する経費の財源につき必要な措置を講じなければなりません。こうして支払われるのが、国庫負担金・国庫委託金です（同条2項）。自治体は、その公益上必要がある場合においては、寄附や補助をすることができます（法232条の2）。裏返せば、「公益上必要がある場合」でなければ寄附・補助をしてはなりません（☞84頁）。自治体の支出の原因となる契約その他の行為（支出負担行為）は、法令・予算の定めに従って行われる必要があります（法232条の3）。実際

に支出を行うのは、会計管理者です（法168条）。会計管理者は、長からの命令がなければ、支出をすることができません（法232条の4第1項）。仮に命令を受けた場合でも、当該支出負担行為が法令・予算に違反していないことおよび当該支出負担行為にかかる債務が確定していることを確認した上でなければ、支出をしてはなりません（同条第2項）。

　このようにして行われた歳入・歳出の実績は、会計管理者が**決算**として調製します（法233条1項）。決算は出納の閉鎖後3か月以内に長に提出され、長は、決算を証拠書類と合わせて監査委員の審査に付します（同条2項）。長は、決算を議会の認定に付さなければなりません（同条3項、法149条4号・96条1項3号）。ただし、決算が議会から認定されなくとも、決算そのものの効力に影響はなく、長の政治的責任が生じるにとどまるとされています。

　以上、予算の流れを法の規定に沿って略述してきましたが、最初は何のことかわからなくてかまいませんし、無理に覚える必要もありません。予算の流れは、実務でイメージを掴まなければ、理解できないからです。何年か自治体職員として働いていれば、いやでも頭に入るので、安心してください。支出の法的コントロールについては追い追い説明しますので、本章では、収入について重点的に解説します。

(2)　3割自治──国による財の配分

　自主財政権とは、自治体がその財源について国に依存することなく自律的に決定することのできる権限のことです。しかし、自治体が権限を行使して調達できる**自主財源**であるはずの地方税も、国から全く関与を受けないわけではありません。自主財源に対して、その内容・程度が国等の意思によって決められる財源を**依存財源**といいます。具体的には、地方交付税交付金、国庫補助金等、地方債のことを指します。従来、わが国では自主財源の割合が3〜4割程度にとどまっていたことから、「**3割自治**」などと揶揄されてきました。

従来の自治体の財源の割合

・地方税……40％弱（自主財源）

・地方交付税交付金……約20％（依存財源）

・国庫補助金、国庫負担金、国庫委託金……約15％（依存財源）

・地方債……約10％（依存財源）

　従来、国税と地方税の歳入の比率がおよそ6対4であったのに対して、国と地方全体の歳出の比率は4対6でした。なぜ国が自分で使う分より多めに税金を徴収していたのかといいますと、自治体によってはインフラストラクチャーの整備や社会保障などのために税収（体力）以上に支出を必要とするところがあり、国は、そうした自治体に対して、多めに徴収した分を、**地方交付税交付金**や**国庫補助負担金**として交付することで、**財の再配分**を行ってきたからです。思い切った表現をすると、国は、都市部で余分に徴収した税金を、地方に回してきたといってよいでしょう。

　この点は、都市部の住民からすると、余分に国税を徴収されてきたような不公平感を覚えるかもしれません。しかし、都市部の住民であっても、そのルーツは地方にあるという人がほとんどでしょう。故郷やそこに住む親兄弟のために税金が支払われるのならば、納得できるのではないでしょうか。また、先祖代々都市部に住んでいるという人でも、地方で生産される農作物を消費したり、地方で休日を過ごしたり、全国各地に事業を展開する企業に勤務したりするなど、地方と何らかの繋がりがあるはずです。日本は1つだという意識が、都市部から地方への財の再配分を正当化してきたともいえます。

　しかし、自治体にとって、自主財源が少なく国へ財源を依存していることは、地域における「受益と負担の対応関係」が失われ財政規律が保たれず、その歳出増に歯止めが効きにくいと指摘されていました。自分のお金ではないから、大事に使うという意識に欠けていたということです。通行量の少ない道路や豪華な公共施設（箱もの）の建設が批判されることも、少なくありませんでした。それでも、わが国の経済が活力に満ちて、財政も潤っていた時代には、問題は

深刻化しませんでしたが、長引く不況と人口減による財政難によって、地方に財の再配分を行うだけの余裕がなくなってきたのです。

図6 団体規模別歳入決算の状況（人口1人当たり額及び構成比）

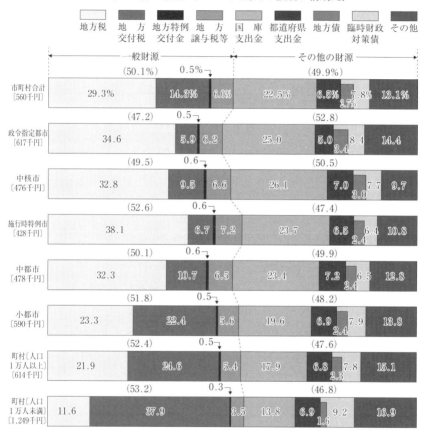

（注）1 「市町村合計」とは、政令指定都市、中核市、施行時特例市、中都市、小都市及び町村の合計である。
　　　2 「国庫支出金」には、国有提供施設等所在市町村助成交付金を含み、交通安全対策特別交付金を除く。
　　　3 「地方譲与税等」には、地方消費税交付金等の各種交付金を含む。
　　　4 〔 〕内の数値は、人口1人当たりの歳入決算額である。
（出典）総務省『令和5年版地方財政白書』（令和3年度決算）。https://www.soumu.go.jp/main_content/000870281.pdf。

⑶　三位一体の改革

　そこで、地方への権限移譲と歩調を合わせて、財源も地方に配分することになりました（自主財源の拡充）。たしかに、財源について国に依存したままでは、高らかに地方の自主性を唱えたところで、その実現は難しいでしょう。この現状を是正するために、①地方交付税交付金を削減し、②国庫補助負担金を削減し、③地方へ税源を移譲することで、自治体の自主財源を拡充すべきであり、①②③は一体として行うこととされました。これが、**三位一体の改革**です。

　しかし、自主財源の拡充というのは美しい響きですが、要するにこれからは自治体がそれぞれの背丈に見合った政策を実施していきなさいということです。財政に余裕があるところはいままでと同様の水準でインフラストラクチャーを整備したり行政サービスを実施したりできますが、余裕がないところはそれ相応に水準を切り下げなければなりません。国は以前のようには助けてくれないのです。

　しばしば、三位一体の改革が「地方の切捨て」と批判されるのは、そのためです。でも、国全体として財政難に陥っている以上、この方向性自体は仕方がないことです。気を付けなければいけないのは、いかに財政が苦しくとも、国として守らなければならない必要最小限度のインフラストラクチャーや行政サービスの水準（**ナショナル・ミニマム**）はたしかに存在しており、その水準を割り込むことは決して許されないことです。自治体は、住民の要望に何でもかんでも応えるのではなく、身の丈に合った内容で、本当に必要なことを実現するために努力しなければいけません。**民間委託の推進**による行財政のスリム化は、そうした「選択と集中」の一つの実践例といえます。

＊コンパクトシティ構想
　特に地方都市では、中心部が空洞化する一方で、周辺部のインフラストラクチャーの維持・管理に多額の費用がかかることが問題となっています。近年、住民の利便性向上と行政コスト節減の観点から、中心部を再生させて長期的な視点で集住を促進していく**コンパクトシティ構想**が注目されています。富山市では、JR 富山港線を LRT（ライトレールトランジット）に再生させて、低床式の公共交通を中心とした低炭素

社会のまちづくりが進められています。さらに、平成26年の都市再生特別措置法（平成14年法律第22号）改正により、立地適正化計画の制度が導入されました。立地適正化計画は、住宅および都市機能増進施設（医療施設、福祉施設、商業施設など居住者の福祉・利便のため必要な施設）の立地の適正化を図るための計画であり（同法81条1項）、居住誘導区域や都市機能誘導区域のほか、立地を誘導するために市町村が講ずべき施策などが書き込まれます（同条2項）。その特徴は、行政指導や予算措置などの誘導的手法を通じて、居住や都市機能の立地をコントロールする点にあり、居住調整地域（同法89条以下）のような規制的な手法は例外的です。

② 地 方 債

(1) 起　　債

　自治体の借金が、**地方債**です。当該会計年度において償還しなければならない一時借入金と、次年度以降の会計年度で償還する狭義の地方債に分かれます。地方債を発行する（**起債**）場合には、長が、起債の目的、限度額、起債の方法、利率と償還の方法を予算で定めた上で（法230条2項）、議会の議決を得る必要があります（同96条1項2号）。

(2) 例外的な財源調達手段

　地方財政法5条は、「地方公共団体の歳出は、地方債以外の歳入をもつて、その財源としなければならない」と規定しているため、地方債の発行は例外的な財源調達手段とされます。起債ができる局面は、①交通事業、ガス事業、水道事業など、公営企業に要する経費の財源とする場合、②出資金や貸付金の財源とする場合、③地方債の借換えのために要する経費の財源とする場合、④災害応急事業費、災害復旧事業費、災害救助事業費の財源とする場合、⑤学校、保育所その他の厚生施設、消防施設、道路、河川、港湾といった公共用・公用施設の建設事業費、公共用・公用に供する土地の購入費の財源とする場合に限られています。

　かつては、起債を行うには、当分の間、政令で定めるところにより、自治大臣または都道府県知事の許可を受けなければなりませんでした。しかし、自主

財政権を侵害しているとの批判が強く、地方分権一括法により、総務大臣または都道府県知事との**事前協議制**に改められました（地方財政法5条の3・5条の4）。改正前とは、協議が調わなくとも起債できる点で異なります。

(3)　地方公共団体財政健全化法

　平成18年、北海道夕張市の「**財政破綻**」が大きく報じられました。これは地方財政再建促進特別措置法（昭和30年法律第195号）に基づく財政再建団体となり、総務大臣の監督の下で財政の再建を図っていくという、民事再生手続に類したしくみでした（ただし、民事再生手続とは異なり、裁判所は関与しません）。

　しかし、地方財政再建促進特別措置法には、①早期の財政健全化を図る段階がない、②地方公営企業、一部事務組合、広域連合、地方三公社、第三セクターなどの財政状況が考慮されない、③単年度の現金収支（フロー）指標のみで、

図7　健全化判断比率等の対象

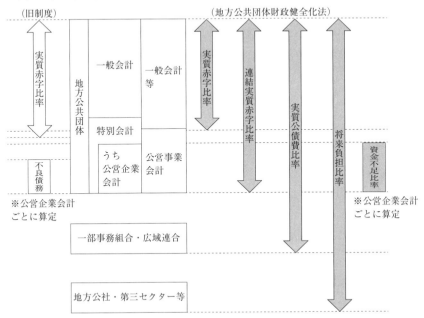

（出典）　総務省資料より。

負債等のストック指標がない、④財政情報の開示が不十分であるといった問題点が指摘されていました。

そこで、夕張市の破綻を契機に制定されたのが、**地方公共団体の財政の健全化に関する法律**（平成19年法律第94号）です。同法の特色は、(i)実質赤字比率、(ii)連結実質赤字比率（(i)に地方公営企業を加えたもの）、(iii)実質公債費比率（(ii)に一部事務組合・広域連合を加えたもの）、(iv)将来負担比率（(iii)に地方三公社・第三セクターを加えたもの）という指標を設けたことにあります。まず、①(i)(ii)(iii)(iv)のいずれかが早期健全化基準を上回った自治体には財政健全化計画を策定させて、国等の関与の下、早期の財政健全化を図る段階を設けます。②(i)(ii)(iii)(iv)という指標を用いて、幅広く経営状況を考慮します。③(iv)将来負担比率の算定に際しては、ストック指標も活用します。④情報開示を徹底します。こうした手当てによって、自治体財政が手遅れにならないうちに、早期の財政健全化を図ることになったのです。

①にいう**財政健全化団体**とは、いわば自治体財政にとってのイエローカードといえます。さらに(i)(ii)(iii)が財政再生基準を上回ると、**財政再生団体**となり、レッドカードが突き付けられます。財政再生団体になると、財政再生計画（事務・事業の見直し、組織の合理化その他歳出削減の措置、地方税の徴収成績の向上・増収計画、使用料・手数料の額の変更）を策定して、国の強力な関与の下に、財政の再生を図ることになります。財政再生団体は、総務大臣の許可を受けなければ、起債を行うことができません（地方財政法5条の4、☞68頁）。

3 地 方 税

(1) 地方税法に定める税

(ア) 地方税法と自主課税権

地方税とは、自治体の定める条例を根拠に賦課徴収される税金です（法96条1項4号・149条3号・223条、地方税法3条）。憲法84条の**租税法律主義**との関係で、条例で課税を認めることの法的根拠には争いがあります。かつては、(a)地方税の課税は地方税法3条の授権で初めて可能となるという説が有力でしたが、

(b)現在の通説は、憲法94条を根拠に自治体の固有の課税権（**自主課税権**）を認めています。しかし、自主課税権が承認されているとしても、**地方税法**の厳しい枠組みがはめられることに変わりはありません。地方税法の標準税率（同法1条1項5号）を超える超過課税も広く行われていますが、これも地方税法が

図8　道府県税収入額及び市町村税収入額の状況

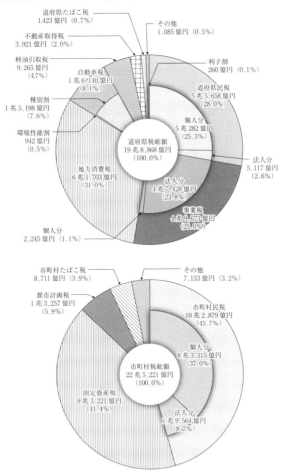

（出典）　総務省『令和5年版地方財政白書』（令和3年度決算）。https://www.soumu.go.jp/main_content /000870281.pdf。

超過課税を認める限度に限られます。

＊大牟田市電気ガス税国賠訴訟

　福岡県大牟田市は昭和25年から電気ガス税を賦課徴収してきたところ、地方税法が特定製品の製造に直接使用する電気の消費は非課税とすると定めていたことで、大きく税収を減らしていました。そこで市は、減収分について国に国家賠償を請求しました。福岡地判昭和55年6月5日判時966号3頁・百選A1は、憲法は地方公共団体に自主財政権・課税権を認めているとする一方で、具体的税目についての課税権まで認めてはおらず、電気ガス税についても、地方税が許容する限度においてのみ賦課徴収しうるにすぎないという理由で、請求を棄却しました。

＊枠組み法としての地方税法

　神奈川県臨時特例企業税事件（☞118頁）において、最判平成25年3月21日民集67巻3号438頁・百選4は、地方公共団体の課税権を正面から認めながらも、「租税の賦課については国民の税負担全体の程度や国と地方の間ないし普通地方公共団体相互間の財源の配分等の観点からの調整が必要であることに照らせば」、租税法律主義の原則（憲法84条）の下で、法律において地方自治の本旨を踏まえた準則を定めることが予定されているとしました。この準則を定めているのが、地方税法であるという理解です。地方税法のような法律を、学説では、「**枠組み法**」とよぶことがあります。

⑴　**地方税の分類**

　地方税は、賦課・徴収する主体に応じて、**道府県税**と**市町村税**に区別されます。それ以上に、**普通税**と**目的税**の区別が重要です。目的税とは、前もって税収の使途が法定されている税のことで、普通税とは、それ以外の税のことです。

⑶　**普　通　税**

⒜　概要　　多くの税目は、普通税です。道府県税としては**事業税**と**道府県民税**が、市町村税としては**固定資産税**と**市町村民税**が中心的な税目です。

⒝　住民税　　このうち道府県民税と市町村民税が、**住民税**とよばれています。定額の均等割と所得に応じて課される所得割に分かれていますが、所得割が重要です。ちなみに、「住民税は所得税よりも1年遅れで課される」といわれます。これは、個人の住民税の所得割が「前年の所得」を課税標準としているためで（地方税法32条1項・313条1項）、特に新社会人のみなさんは、2年目に注意しなければなりません。

> ＊課税標準
>
> 　課税の対象のことを、**課税標準**とよびます。課税標準に税率をかけることで、納付すべき税額が計算できます。

(c)　固定資産税　　**固定資産税**は、歴史の授業で習った「地租」を前身とする税です。固定資産課税台帳に土地・家屋の所有者として登録されている者が納めることになっています。課税標準は、総務大臣が告示する固定資産評価基準に基づいて市町村長が決定した固定資産の価格とされています（地方税法388条1項・403条1項）。決定された固定資産の価格は、固定資産課税台帳に登録されます（同法411条1項）。

> ＊固定資産評価基準
>
> 　最判平成25年7月12日民集67巻6号1255頁は、全国一律の統一的な固定資産評価基準に従って公平な評価を受ける利益は、適正な時価との多寡の問題とは別にそれ自体が地方税法上保護されるべきであるとして、土地の基準年度に係る賦課期日における登録価格が評価基準によって決定される価格を上回る場合には、同期日における当該土地の客観的な交換価値としての適正な時価を上回るか否かにかかわらず、その登録価格の決定は違法となるとしました。課税実務ならばともかく、最高裁も、固定資産評価基準にずいぶんな重みを認めたものです。

(d)　事業税　　**事業税**は、個人の事業に課される個人事業税と法人の事業に課される法人事業税に分かれます。前者は所得税における事業所得課税、後者は法人税のようなものと理解すればよいでしょう。都道府県の事業税収入（市町村の場合は法人住民税収入）はその区域内の商工業の発展具合に依存しますので、いわゆる企業城下町の財政は、当該企業の業績と命運を共にしています。

> ＊東京都の「銀行税」
>
> 　平成12年、東京都は「東京都における銀行業等に対する事業税の課税標準等の特例に関する条例」を制定して、資金量5兆円以上の国内大手銀行に対し、事業税の課税標準を「所得」ではなく「業務粗利益等」に替えて、3％の事業税を課すことにしま

した。この特例は、一般に「銀行税」とよばれていますが、法定外税を定めたわけではなく、事業税の特例です。

外形標準課税の根底には、一定以上の経営規模をもつ会社はそれ相応の公共サービスを便益として受けているはずなので、社会公共に貢献するために、その規模に応じた税負担が求められるべきだという考え方があります（応益課税）。通常の事業税は、収入から支出（必要経費）を差し引いた残りの金額である「所得」を課税標準として課されます。しかし、極端な話をすれば、100万円の収入と50万円の支出があり差引き50万円の所得があるＡ社と、１億円の収入と9,950万円の支出があり差引き50万円の所得があるＢ社とでは納税額は変わりませんが、どう考えてもＢ社の方が圧倒的に企業規模は大きく、社会公共から与えられている便益も大きいはずです。

さらに付け加えると、この時期の大手銀行は、バブル経済の後始末として多額の不良債権処理に追われていました。大手銀行は、公的資金の投入を通じて救済されていたのです。経営規模が大きい銀行ほど、公的資金の投入額も大きかったわけで、差引きの所得がゼロ以下だから納税額もゼロでかまわないという帰結には、批判が少なくありませんでした。

これに対して、所得課税の原則はあくまでどれだけの税金を納めることが可能であるかにあり、税金を負担する能力は差引きの収益である所得によって決める以外にないとして、外形標準課税に反対する考え方も根強くあります（応能課税）。

東京高判平成15年１月30日判時1814号44頁・百選Ａ2は、事業税は応益的な考え方を志向しており、「業務粗利益等」を課税標準とすることも裁量の範囲内であるとしながら、３％の税負担は、所得を課税標準とした場合と比べ均衡を失するとして、条例を違法無効としました。この後、東京都が税率を0.9％に引き下げて差額を銀行に還付することで和解が成立し、また地方税法の改正で、事業税に一部外形標準課税の要素が採り入れられました。最終的には、東京都と銀行業界の「痛み分け」で決着したといえるでしょう。

㋑ 目 的 税

目的税には、狩猟税、入湯税、事業所税、都市計画税などがあります。温泉に入浴するときに課される入湯税は、みなさんも支払ったことがあると思います。入湯税は、環境衛生施設、鉱泉源の保護管理施設および消防施設その他消防活動に必要な施設の整備ならびに観光の振興（観光施設の整備を含む）に要する費用に充てられています（地方税法701条）。市町村が国民健康保険の費用に充てるために徴収する国民健康保険税（同法703条の４）も、目的税です（なお、地方税によらずに国民健康保険の費用を徴収する場合には、国民健康保険料とよばれま

す）。

　自動車取得税や軽油引取税のように、かつて道路の整備を図るための目的税とされていたものが、普通税に転換された税目もあります（道路特定財源の一般財源化）。

＊旭川市国民健康保険条例事件

　条例に基づき国民健康保険料賦課処分を受けたXは、国民健康保険料は租税であるにもかかわらず、条例が保険料率を定率・定額で定めずに賦課総額を保険料決定の基礎としていることなどは租税法律主義を定めた憲法84条に違反するとして、処分の取消しを求めました。最大判平成18年3月1日民集60巻2号587頁・百選32は、租税以外の公課であっても、賦課徴収の強制の度合い等の点において租税に類似する性質を有するものについては、憲法84条の趣旨が及ぶとしましたが、賦課要件が法律・条例でどの程度明確に定められるべきかなどについては、当該公課の性質、賦課徴収の目的、その強制の度合い等を総合考慮して判断すべきものであり、賦課処分は違憲・違法とはいえないとしました。

---

(2)　法 定 外 税

　自治体には、一定の要件の下に、地方税法で定められていない税を課すことが認められています。これを**法定外税**とよび、**法定外普通税**と**法定外目的税**があります（地方税法4条3項・6項、5条3項・7項）。

　分権改革前は、自治体が法定外普通税を新設するためには自治大臣の許可を受ける必要があり、さらに、大蔵大臣からの異議が定められていました。そして、法定外目的税を設けることは認められていませんでした。しかし、地方分権一括法に伴う改正により、法定外普通税の許可制は総務大臣の同意を要する協議制へと改められ（地方税法259条・669条）、法定外目的税も、やはり総務大臣と協議して同意が得られたことを条件に認められるようになりました。なお、協議はしたものの同意が得られなかった場合に、これら法定外税の新設が認められるかについては、解釈上、争いがあります（☞68頁）。

　法定外普通税の中では、原発の立地する県が課している核燃料税が有名です。核燃料税は、昭和51年に福井県が創設してから、原発が立地する県の重要な財

源となってきました。国地方係争処理委員会勧告平成13年7月24日判時1765号26頁・百選122で扱われた横浜市勝馬投票券発売税も、法定外普通税です（☞66頁、75頁）。法定外目的税の中では、各地の産業廃棄物税のほか、山梨県富士河口湖町の遊漁税、東京都の宿泊税などが有名です。とはいえ、法定外税全体の税収は令和3年度で約634億円であり、これは地方税全体のわずか0.15%にとどまっています（☞138頁）。

⑶　地方税の課題

　自治体としては、自主財源としての地方税の収入が増えてくれればいうことありません。しかし、国の税収が伸び悩んでいるように、地方も税収の確保に四苦八苦しているのが現状です。法定外税を設けようとすると、横浜市勝馬投票券発売税事件のように、少なからず国との軋轢を生みます。仮に総務大臣の同意が得られたとしても、納税者から訴訟が提起されることもあります。

　神奈川県臨時特例企業税事件では、神奈川県が（実質的に）法人事業税の繰越控除欠損金額に3％の課税を行う「臨時特例企業税」を課したことについて、納税者から地方税法違反の問題が提起されました。最判平成25年3月21日民集67巻3号438頁・百選4は、徳島市公安条例判決の定式（☞128頁）を引用した上で、臨時特例企業税は、「地方税法の定める欠損金の繰越控除の適用を一部遮断することをその趣旨、目的とするもので、特例企業税の課税によって各事業年度の所得の金額の計算につき欠損金の繰越控除を実質的に一部排除する効果を生ずる内容のものであり、各事業年度間の所得の金額と欠損金額の平準化を図り法人の税負担をできるだけ均等化して公平な課税を行うという趣旨、目的から欠損金の繰越控除の必要的な適用を定める同法の規定との関係において、その趣旨、目的に反し、その効果を阻害する内容のものであって」、地方税法の強行規定に反しており、違法、無効であるとしました。

＊消費税率は7.8％？
　令和元年10月から、消費税率は10%に引き上げられました。ただし、厳密には国税

としての消費税が7.8%で、地方消費税が2.2%です。国に納付された分から、後日、都道府県に地方消費税が払い込まれることになっており、さらに、その半分は市町村分となります。

＊ふるさと納税

　自治体に対する寄附が、ふるさと納税です。返礼として様々な特産品がもらえるので、話題になっています。別に生まれ故郷の自治体でなくともよく、私が香川県にふるさと納税をして、うどんをもらうこともできます。ふるさと納税したうち、2,000円を超える部分については、一定の上限まで、所得税・個人住民税から全額控除されます。返礼品が豪華になりすぎているという批判を受けて、総務省は、換金性の高いものや不相当に高額なものは返礼品としないこと、返礼割合は3割を超えないようにすること、返礼品は地場産品とすることなどを内容とする技術的助言（☞65頁）をたびたび発してきましたが、平成31年の地方税法改正によって、令和元年6月1日以降は、控除の対象となるのは総務大臣が指定した自治体に対する寄附金に限られるとする、ふるさと納税指定制度（地方税法37条の2・314条の7）が導入されました。

　かねてより高額のAmazonギフト券などを返礼品とすることで年間数百億円の寄附を集めてきた大阪府泉佐野市長は、総務省に睨まれて指定を受けられなかったため、国地方係争処理委員会（☞74頁）に審査の申出を行い、総務大臣に対して再度の検討を行うようにとの勧告を得ました（国地方係争処理委員会令和元年9月3日勧告）。

　ところが、再度の検討の結果、やはり指定が拒否されたので、事件は裁判所へと持ち込まれました。争点となったのは、指定の要件として、平成30年11月1日以降の期間において「他の地方団体に多大な影響を及ぼすような寄附金の募集・受領を行った地方団体でないこと」を求めた平成31年総務省告示（本件告示）2条3号が、地方税法37条の2第2項に違反するかでした。

　最判令和2年6月30日民集74巻4号800頁・百選119は、法改正前においては返礼品の提供について法令上の規制は存在せず、総務大臣により技術的助言が発せられていたにとどまることを指摘した上で、国の職員は自治体が国の行政機関の助言等に従わなかったことを理由として不利益な取扱いをしてはならないと規定する地方自治法247条3項を挙げて、「その趣旨は、普通地方公共団体は助言等に従って事務を処理すべき法律上の義務を負わず、これに従わなくても不利益な取扱いを受ける法律上の根拠がないため、その不利益な取扱いを禁止することにあると解される」としました（☞66頁）。その上で、地方団体が法改正前における返礼品の提供の態様を理由に指定の対象外とされる場合があることを定める本件告示2条3号は、「実質的には、同大臣［総務大臣］による技術的な助言に従わなかったことを理由とする不利益な取扱いを定める側面がある」として、地方税法37条の2第2項の委任の範囲を逸脱しており、違法・無効であるとしました。

4 地方交付税

　最初に注意しておくと、「地方交付税」という名称の税金があるわけではありません。特定の国税（所得税・法人税・酒税・消費税・たばこ税）の徴収総額から、一定額を国が自治体に対して交付するしくみが **地方交付税** とよばれているのであり、「地方交付税交付金」が正しい名称です。たとえば、所得税と法人税の33.1%は地方交付税交付金に充てられます。その内容は、「**基準財政需要額**（普遍的行政水準を実現するために必要となる経費）」が「**基準財政収入額**（当該自治体の地方税等の収入見込額）」を超過する自治体に対して、その差額が交付されるというものです。必要な分に達するまで、不足額を補助してくれるしくみと理解すればよいでしょう。地方交付税の使途は限定されません（一般財源）。地方交付税には、普通交付税と災害等特別の事情に応じて交付される特別交付税があります。

　自治体は、必要な経費を自主財源で賄うという建前になっています。しかし、各自治体には、その規模や地域経済の違いにより、大きな財政格差があります。そこで、国税の一部を使用して、こうした自治体間の財政格差を是正し（財政均衡化機能）、必要な財源を保障するのが、地方交付税の役割なのです（財政保障機能）。災害復興予算の制度設計などで、よく「基準財政需要額に組み入れることを認める」という表現を耳にしますが、ありていにいえば国からお金を渡してもらえるということです。地方債の元利償還金の一部も基準財政需要額に組み入れられることがあります。

　本来地方交付税は、自主財源の"補完的"役割にすぎません。しかし現実には、地方交付税は9割以上の自治体に交付されています（交付を受けていない団体が「不交付団体」として珍しがられるほどです）。地方交付税が自治体の財政の自主性を損なっているという問題意識が、三位一体の改革に繋がりました。

5 国庫補助金、国庫負担金、国庫委託金

　特定の事務事業を遂行するため、国が自治体に対して支出するのが、国庫補

助金、国庫負担金、国庫委託金です。まとめて国庫支出金とよばれることがあります。これらは使途の限定される特定財源で、「ひも付き」などといわれます。国庫補助金が自治体の自主財政権を阻害しているとの問題意識が、やはり三位一体の改革に繋がりました。

まず、①**国庫補助金**とは、政策遂行の奨励や財政援助を目的とする補助金のことです（地方財政法16条）。次に、②**国庫負担金**とは、国が共同責任者として義務的に分担する経費のことです（同法10条～10条の3）。生活保護費や義務教育職員の給与などが、例として挙げられます。生活保護の決定が法定受託事務であり（☞57頁）、国から詳細な処理基準（☞73頁）が出されているのは、その財源を国に負っていることと無関係ではありません。③**国庫委託金**とは、もっぱら国の利害に関係ある事務の経費のことです（同法10条の4）。国会議員の選挙や国民年金に要する費用などです。国が法令により自治体に事務処理を義務付けている場合（自治事務・法定受託事務を問いません）には、そのために要する経費の財源につき必要な措置を講じなければなりません（法232条2項）。当たり前のことです。

　補助金適正化法（昭和30年法律第179号）は、国庫補助金、国庫負担金ともに「補助金等」として、同じ手続規範に従わせています（同法2条）。具体的な交付の手続は、自治体からの交付の申請を受けて（同法5条）、交付決定がなされる（同法6条1項）というもので、行政手続法の「申請に対する処分」と同じです（ただし、補助金適正化法24条の2で行政手続法の適用は除外されています）。交付を受けた事業者（補助事業者）には、補助事業の遂行について善管注意義務が課せられます。各省各庁の長は、補助事業者に交付の条件をつけたり（同法7条）、事業遂行状況の報告を求めることができ（同法12条）、補助金等交付決定の内容・条件に従っていないと認められるときは、それらに従うように命令を発することができます（同法13条1項）。違反があったときは、交付決定は取り消され（同法17条1項）、補助金を返還しなければなりません（同法18条1項）。

＊超過負担の問題——摂津訴訟

　大阪府摂津市は、4つの保育所を設置して9,272万円を支出しました。当時の児童福祉法では、支出金の半分は国庫で負担することになっていましたが、国からは250万円しか支払われませんでした。なぜ、このようなことが起きるのかというと、国の査定単価が低かったり、施設が必要な項目を満たしていなかったりするためです。しかし、それにしても支出額と交付額の差が極端だったので、摂津市は国に不足分の4,386万円の支払いを求めました。東京高判昭和55年7月28日判時972号3頁・百選A36は、補助金交付決定の抗告訴訟によることなく直接に支払いを求めるのは不適法であるとして、訴えを退けています。摂津訴訟は、請求自体は訴訟法の論理で退けられましたが、自治体の超過負担という重要な問題を認識させました。

＊基金

　自治体は、条例の定めるところにより、特定の目的のために財産を維持し、資金を積み立て、または定額の資金を運用するための**基金**を設けることができます（法241条1項）。国庫補助金は原則として単年度で使わなければならないのですが、これを元手に基金を設けて運用することで、複数年度にまたがる使用が可能になります。具体的には、①余裕がある年に積み立てて、税収減や災害などが生じた年に取り崩して利用する財政調整基金、②地方債の返済を計画的に行うための減債基金、③公の施設の老朽化対策や耐震工事などのために積み立てる特定目的基金があります。

Chap. 10

自主立法権

1 自主立法権

(1) 「法律の範囲内」における条例制定権

　憲法94条は、地方公共団体が「**法律の範囲内**」で条例を制定することを認めています。つまり、自治体には、法令に違反しない限りにおいて、自ら法規範を定立する権能（**自主立法権**）が認められているのです（法14条1項に同じ）。なお、憲法94条にいう「条例」には、議会が制定する**条例**以外に、長・委員会が制定する**規則**も含まれています。以下では、条例と規則を区別して説明します。

(2) 条　　例

　条例とは、自治体が自主立法権に基づいて制定する自主法のことです。法律、政令、省令（あわせて「法令」という）といった国家法との違いに注意してください。条例は、長が議会に提案して議決・制定される場合がほとんどですが、議会の議員にも、議員定数の12分の1以上の賛成があれば、条例案を議会に提案することが認められています（法112条2項）。住民も、選挙権者総数の50分の1以上の者の連署を集めることで、長に対して条例の制定改廃を請求できます（法12条・74条。ただし、地方税や分担金、使用料、手数料の徴収に関わる条例を除く。☞45頁）。

　議会に提案された条例案は、議会の議決を経て制定・改廃されます。議決があったときは、議長は、3日以内に議決書を長に送付し、長は送付を受けた日から20日以内に公布しなければなりません。特別の定めがなければ、条例は公布から10日を経過した日から施行されます（法16条）。

　条例違反に対しては、2年以下の拘禁刑、100万円以下の罰金、拘留、科料

もしくは没収の刑罰または5万円以下の過料を定めることができます（法14条3項）。

(3) 規　　則

規則とは、自治体の長がその権限に属する事務を処理するために制定する自主法のことです（法15条1項）。長だけではなく、教育委員会、人事委員会などの委員会も、規則を制定することができます（法138条の4第2項）。規則違反に対しては、5万円以下の過料を定めることが認められています（法15条2項）。しかし、住民に義務を課したり住民の権利を制限したりする事項については、法令に特別の定めがある場合を除いて、規則ではなく、条例で定めなければなりません（法14条2項）。これを**条例の留保**とよぶことがあります。

2　憲法と条例の関係

(1) 憲法と条例

憲法は国の最高法規ですから、憲法に違反する条例を制定することはできません（優先順位は、憲法＞法律＞政省令＞条例となります）。そこで問題となるのが、憲法が「法律」で定めなさいと定めている事項について、「条例」で定めることは可能かということです。これまで問題になってきたのは、①憲法29条2項の財産権制限、②憲法31条の罪刑法定主義、③憲法84条の租税法律主義との関係です。現在は、学説によって理由付けは異なりますが、いずれも可能と考えられています。

(2) 条例による財産権規制

憲法29条2項は、「財産権の内容は、公共の福祉に適合するやうに、法律でこれを定める」と定めています。これは、国民の代表である国会が法律で定めたときのみ、国民の財産権を規制することができるという意味です。そこで、条例で財産権を規制することはできるのかという問題が出てきました。最高裁はこの問題に直接には答えていないのですが、通説は可能であると解釈してい

ます。建築規制や屋外広告物の規制などは地域の実情に応じて様々ですので、条例による財産権規制は許されるべきだと思います。

＊奈良県ため池条例事件

　昭和29年、奈良県は「ため池の保全に関する条例」を制定して、ため池の決壊を防ぐために、その堤とうに農作物を植えることを禁止しました。それにもかかわらず、Ｙらは、先祖代々の権利であるとして耕作を続けたために、罰金刑を受けました。そこでＹは、条例によってため池の周囲にある私有地での耕作を禁止することは、憲法29条2項および補償なしに財産権を制限することを禁じた同条3項に違反するから、条例は違憲無効であると主張したのです。最大判昭和38年6月26日刑集17巻5号521頁・百選30は、財産権の行使をほぼ全面的に禁止するものであっても、ため池の堤とうの利用制限は、災害を防止して公共の福祉を保持する上で社会生活上やむをえない制約であり、ため池の堤とうを使用する財産権を有する者が当然受忍しなければならない責務であるとして、補償なしに財産権制限を定めた条例も違憲とはいえないとしました。つまり、ため池の堤とうを使用する権利にはもともと内在的な制約が付されており、ため池の堤とうが破壊されるような態様での使用は憲法で保障されていないので、損失補償は不要だということです。

⑶　条例による罰則

㋐　様々な根拠付け

　憲法31条は、刑罰を科すときには法律の定める実体・手続によらなければならないと定めています（罪刑法定主義）。そこで、条例で刑罰を定めることは憲法違反にならないか、争われてきました。学説では、結論としては合憲とするものの、理由付けは様々です。

　最初に提唱されたのは、(a)憲法73条6号ただし書が法律に委任のある場合には政令で罰則を定めることができるとしていることとの比較から、一般的・白紙委任ではなく、具体的な委任がなされていれば、条例でも罰則を定めることは可能であるという説です。この説では、法14条3項が、条例で罰則を定めることを具体的に委任した規定になります。大阪市売春取締条例事件において最大判昭和37年5月30日刑集16巻5号577頁・百選31は、(a)説によりつつ、条例は地方議会の定める自治立法であり法律に類するとして、政令の場合よりも委

任の個別性・具体性は緩やかでよいことを示唆しています（ただし、同最判が依拠した法2条3項7号・1号の例示は、現在では削除されています）。

　これに対して(b)説では、条例での刑罰制定権は憲法94条により直接授権されたものと解釈します。つまり、憲法94条を憲法31条の特則として理解するわけです。ただし、憲法94条は「法律の範囲内」で条例制定を授権する規定ですので、法14条3項の制約に付すことには変わりありません。

　端的に、(c)憲法31条の「法律」には条例を含むとする説もあります。この説に立つと条例制定の自由度は高くなりそうですが、別途憲法94条に従う必要があるため、結論は(a)(b)説とあまり変わりません。

㈠　**条例で罰則を定めるということの意味──淫行処罰を例に**

　条例で罰則を定めることができるという結論には争いがありませんので、むしろみなさんには、条例で罰則を定めるということの意味を正面から考えてほしいと思います。よく知られているように、青少年（婚姻していない18歳未満の者）との合意による性行為を一般的に処罰する法律はなく、各都道府県の**青少年保護育成条例**の定めに委ねられています（なお、児童買春を行うと、「児童買春、児童ポルノに係る行為等の規制及び処罰並びに児童の保護等に関する法律」4条で5年以下の拘禁刑または300万円以下の罰金に処せられます）。となりますと、同じことをしても、多くの都道府県では2年以下の拘禁刑または100万円以下の罰金に処せられるのに対して（参照、青森県青少年健全育成条例30条）、淫行処罰が条例で定められていなかった長野県では、長らく処罰されてきませんでした。福岡県青少年保護育成条例事件において最大判昭和60年10月23日刑集39巻6号413頁・百選A9は、淫行処罰の内容が自治体ごとに異なることは平等原則（憲法14条1項）に違反するものではないとしたものの、この手のことはむしろ国全体で共通して規律すべきではないかという意見も根強いところです。盗撮については長らく各自治体の迷惑防止条例で規制されてきたのですが、令和5年にいわゆる盗撮罪が法律で設けられました。

㈡　**刑罰の構成要件の広汎性・不明確性**

　福岡県青少年保護育成条例事件では、処罰の対象とされた「淫行」が明確さ

を欠き、処罰範囲が広がりすぎるのではないかという点も指摘されています。最高裁は、通常の判断能力を有する一般人ならば、「淫行」とは「青少年を誘惑し、威迫し、欺罔し又は困惑させる等その心身の未成熟に乗じた不当な手段により行う性交又は性交類似行為」などと理解できるから心配は要らないとしましたが、やはり無理がある解釈だと思います。

　広島市暴走族追放条例16条と17条は、「公衆に不安又は恐怖を覚えさせるうない集又は集会」が、管理者の承諾を得ず、「公共の場所において、特異な服装をし、顔面の全部若しくは一部を覆い隠し、円陣を組み、又は旗を立てる等威勢を示すことにより行われたとき」は、市長は当該行為の中止命令・退去命令を発することができ、命令に違反した者は6月以下の懲役（当時）または10万円以下の罰金に処せられると定めていました。最判平成19年9月18日刑集61巻6号601頁・百選29は、これは暴走族およびその類似集団に限られるので、集会の自由を保障する憲法21条および31条に違反するものではないとしましたが、ハロウィンのような仮装イベントまで規制されてしまいかねないとして、批判もあります。

　もちろん、淫行の処罰や暴走族の抑制という目的自体に異論があるわけではありません。ただ、処罰の範囲が不明確であると、処罰される行為とそうでない行為との見分けがつかず、結果として国民の行動を過度に萎縮させてしまう危険があるのです。こうしたことが起きるのは、自治体が罰則を設けることに慣れていないためでしょう。国の法律（特に内閣提出法案）の場合には、事前に内閣法制局と法務省の厳重なチェックを受けるのに対して、条例についてはそのようなチェックが制度的に予定されていません。自治体と地方検察庁との協議（検察協議）を活用することで、条例の精度を高めていく必要があります。

(4)　条例による課税

　自治体が条例により独自に課税を行うことの論点については、前章で述べましたので、そちらを参照にしてください（☞112頁）。

3 法律と条例の関係

(1) 憲法と法律の規定

　自治体は、法令に違反しない限り、地域における事務に関し、条例を制定することができます（憲法94条、法14条1項）。ここで**「地域における事務」**とは、自治事務と法定受託事務のことです。分権改革以前は、機関委任事務に関する条例の制定が許されていなかったことを考えると、大きな進歩といえます。ここでは、**「法令に違反しない限り」**ということの意味について考えましょう。

(2) 法律先占論

　法令に違反しているか否かは、いかなる基準で決められるのでしょうか。かつては、**法律先占論**とよばれる考え方が支配的でした（☞87頁）。法令が規制を定める場合には、それが当該領域における必要かつ十分な規制とみるべきであるから、法令が規制を置いた領域について条例でこれと同一目的の規制を加えることは違法であるという考え方です（法令が後から制定されても優先するので、法律専占論とよぶ人もいます）。

(3) 徳島市公安条例事件

(ア) 事　　案

　法律先占論を否定して、自主立法権に関する極めて重要な判示を行ったのが、**徳島市公安条例事件**に係る最大判昭和50年9月10日刑集29巻8号489頁・百選33です。事案は、昭和43年12月に徳島市内で約300人の集団示威行進を行った被告人Xが、道路交通法（以下、「道交法」といいます）と条例への違反で起訴されたため、条例の無効を主張したというものです。道交法77条1項4号は、一般交通に著しい影響を及ぼすような行為で、都道府県の公安委員会が道路における危険防止その他交通の安全と円滑を図るために必要と認めるものは、警察署長の事前許可を受けなければならないと定めています。許可には条件を付することができ、条件に違反した者は処罰されます。これに対して徳島市集団行

進及び集団示威運動に関する条例（徳島市公安条例）は、道路その他公共の場所における集団行進を行う際の県公安委員会への届出義務（同条例1条・2条）、および集団行動をする際の遵守事項を定めており（同条例3条）、これに違反した集団行動の主催者、指導者、煽動者について処罰規定を置いていました（同条例5条）。

㈑ **判旨──一般論**

「条例が国の法令に違反するかどうかは、両者の対象事項と規定文言を対比するのみでなく、それぞれの趣旨、目的、内容及び効果を比較し、両者の間に矛盾抵触があるかどうかによつてこれを決しなければならない」。たとえば、①「ある事項について国の法令中にこれを規律する明文の規定がない場合でも、当該法令全体からみて、右規定の欠如が特に当該事項についていかなる規制をも施すことなく放置すべきものとする趣旨であると解されるときは、これについて規律を設ける条例の規定は国の法令に違反することになりうる」し、逆に、特定事項について規律する国の法令と条例とが併存する場合でも、②「後者〔条例〕が前者〔法令〕とは別の目的に基づく規律を意図するものであり、その適用によつて前者の規定の意図する目的と効果をなんら阻害することがないとき」や、③「両者が同一の目的に出たものであつても、国の法令が必ずしもその規定によつて全国的に一律に同一内容の規制を施す趣旨ではなく、それぞれの普通地方公共団体において、その地方の実情に応じて、別段の規制を施すことを容認する趣旨であると解されるときは、……条例が国の法令に違反する問題は生じえない」。

㈒ **判旨──具体的なあてはめ**

まず、規制対象が道路における集団示威行進であるという点で重なり合うことは明らかです。次に、道交法の目的は道路交通秩序の維持にあるのに対して、徳島市公安条例の目的は地方公共の安寧と秩序の維持にあり、両者の目的は全く同じではないものの、一部、重なり合っています。となると、③の基準から、道交法が「その地方の実情に応じて、別段の規制を施すことを容認する趣旨である」か否かが決め手となるわけです。ここで道交法77条1項4号が、許可が

必要となる行為について、各都道府県の公安委員会の設定するところに委ねていることは、大きなヒントです。法律自身が、地方の実情に沿った取扱いを積極的に認めているといえるからです。以上の理由から、最高裁は、徳島市公安条例は道交法に違反するものではないと判断しました。

(4) 局面ごとの検討

(ア) 未規制領域ではあるが、規定の欠如が特に当該事項についていかなる規制をも施すことなく放置すべきものとする趣旨であるとき（上記①）

　徳島市公安条例判決は上記③の事案でしたが、それ以外のケースについても検討してみましょう。まず、国の法令が全く規制を行っていない未規制領域では、自由に条例を制定することができそうです。しかし、厄介なことに、法令が規制を置いていない理由は、(i)放置自転車や歩きタバコの規制のように、法令はその領域の規制に無関心であり（あるいは、関心はもっているがそこまで手が回らず）、規制を条例に任せている場合と、(ii)法令はその領域について実は関心を有しており、規制すべきでないと考えたからあえて規制を置かず放置している場合（上記①）とに分かれるのです。たとえば出版物の内容を規制する法令は存在しませんが、これは検閲の禁止（憲法21条2項）により規制してはいけない領域であるから法令が存在しないのであり、検閲を認める条例は当然に違法（違憲）無効です。(i)の場合には条例の法令違反は起こりませんが、(ii)であったりすると、条例は違法無効ということになります。

　河川区域内の工作物設置を許可制にしている河川法は、一級河川と二級河川のみを対象としており、それらの指定を受けていない普通河川の工作物は、一見すると放置されているようにみえます。そこで高知市は、普通河川等管理条例を制定して、普通河川の工作物を設置するときは市長の許可を要すると定めました。ところが最判昭和53年12月21日民集32巻9号1723頁・百選34は、この条例を違法無効としたのです。河川法は、普通河川であっても河川法の適用・準用の対象とする必要が生じたときは、いつでも適用河川・準用河川に指定することが可能なしくみを採っており（同法100条）、「普通河川については、適用

河川又は準用河川に対する管理以上に強力な河川管理は施さない趣旨」だというのです。

　つまり、法律が放置している領域であっても、(i)条例で何を定めてもよいという趣旨で放置しているのか、(ii)何も手を触れるなという趣旨で放置しているのかによって、結論は大きく異なるということです。テーブルの上にまんじゅうが置いてあっても、誰でも食べてよいという趣旨で置いてあるのか、俺のものだから手をつけるなという趣旨で置いてあるのか、そちらで判断せよということで（意図に反して手をつけると容赦なく叱られます）、地方からすると厄介なことこの上ないのですが、個別の事例ごとに見極める以外にありません。どうせなら、明確に注意書きしておいてほしいものですね。

㈡　法令と条例の目的が異なるとき（上記②）

　ある対象についてすでに法令が規制している場合であっても、法令の規制とは別の目的で条例を制定することは許されます（上記②）。よく挙げられる例は、狂犬病予防法と飼犬取締条例です。狂犬病予防法10条は、公衆衛生の目的から、狂犬病の発生した区域内のすべての犬を知事の命令により係留するように義務付けています。これに対して、各自治体の飼犬取締条例は、住民や来訪者への危害防止という目的から犬の係留を義務付けています。狂犬病は発症すると致死率100％という恐ろしい感染症なのですが、国内ではもう60年近く感染は報告されておらず、狂犬病予防法だけでは、平穏な状態で犬の係留を義務付けることはできません。ここに、飼犬取締条例の意義があるというわけです。

　法令とは別の目的で条例を制定することは許容される、となると、条例で正面から法令と同じ目的を掲げることなど滅多にありません。自治体としては、この条例は法令とは別の目的なんですよと説明して、②をねらいにいくことになります。わざわざ虎の尾を踏む者はいません。

　よく知られる例が、市町村の制定する**水道水源保護条例**です。水道水源保護条例とは、産業廃棄物処理施設に起因する水質の汚濁が人の生命・健康への被害を招くことを防止するために、処理施設の設置について市町村長の規制に服させるというものです。しかし、すでに廃棄物処理法15条1項が処理施設の設

置について都道府県知事の許可制を採っているため、両者の関係が問題となるのです。ここで廃棄物処理法の目的は、生活環境の保全と公衆衛生の向上にありますから（同法1条）、字句からみれば、条例と目的が重ならなさそうにみえます。しかし、最高裁もそう甘くはありません。水源保護が目的とはいっているけれども、その心は廃棄物処理法の上乗せ規制だろうと見抜かれて、上記③の基準で適法性が審査されることが少なくないのです（徳島県阿南市水道水源保護条例事件（徳島地判平成14年9月13日判自240号64頁）、三重県紀伊長島町水道水源保護条例事件（最判平成16年12月24日民集58巻9号2536頁・百選37））。

㋑ **上乗せ・横出し規制**（上記③の応用）

　国で大気汚染や水質汚濁の防止について法令を制定することになり、全国各地で意見を聴いて回ることを想像してみましょう。農村地域は、やはりいままで通りのきれいな空気や水を維持したいでしょうから、厳しい基準を望むことでしょう。これに対して工業地域は、産業への影響を考慮しなければいけませんので、現状と比べて基準を厳しくすることには慎重になると思われます。となると、全国一律の基準（ナショナル・ミニマム）を定める上では、工業地域の要望に合わせることになります。これは工業地域の発言力が強いからとばかりもいえず、全国一律の規制となると、いちばん緩やかなところに合わせざるを得ないのです。二人三脚、十人十一脚……と増やしたときに、いちばん足の遅い走者に合わせなければいけないのと同じです。いずれにせよ、清浄な空気や水を望む農村地域の願いがなおざりにされることには変わりありません。そこで農村地域としては、条例を制定して、法令よりも厳しい規制を施すことはできないか、検討を始めることになります。

　これは上記③の応用でして、国の法令がある事項につき一定限度の規制を定めている場合に、同一目的で、条例でより厳しい規制を定めること（上乗せ規制）や、法令で規制されていない対象について条例で規制すること（横出し規制）はできるかという問題です。**上乗せ規制**というのは、法令で工場設置の届出制を採っている場合に、条例で許可制を採用することや、法令である汚染物質の排出量が3 ppm 以下とされている場合に、条例で2 ppm 以下まで規制を

厳しくすることです。**横出し規制**については、法律で二酸化窒素（NO₂）のみを規制している場合に、条例で二酸化硫黄（SO₂）をも規制対象に加えることなどを考えてください。

では、条例による上乗せ・横出し規制の許容性はどのようにして判断するのでしょうか。これは、「法令が上乗せ・横出し規制を認めていると解釈できるか」という基準で判断する以外にありません。結局は、裁判所が事案ごとに判断するわけです。阿南市水道水源保護条例事件では、都道府県知事の許可制とする以上に規制を加重することは法令の想定しているものとは考えがたいとして、裁判所は条例を違法無効であると判断しました。

近年の法令には、明文で上乗せ・横出し規制を認めるものが多く存在します。水質汚濁防止法3条3項は、都道府県に対して、法令の排水基準によって人の健康を保護し、生活環境を保全するために十分でないと認めるときは、条例で、法令の排水基準よりも厳しい許容限度を定めることができるとしています。

> **＊規制を厳格化することの問題点**
> 水道水源保護条例の事案で、規制を厳格化して環境を守ることの何がいけないのか、疑問に思うかもしれません。これが許されないのは、廃棄物処理業者の経済活動の自由（憲法22条1項）に対する過度の制約になるためです。環境を守ることは大切ですが、事業者の経済活動の自由も同じくらい尊重されなければなりません。事業者の活動を規制する各種の規制法は、事業者の経済活動の自由と公共の福祉とを勘案した結果、いかなる規制が妥当であるかについて国会で審議し「落としどころ」を探った成果物であるため、法律が設定したバランスを変えるのは容易ではないのです。政策決定者には、多様な立場について考慮をめぐらせることが求められます。

(5) ま と め

徳島市公安条例判決を一言でまとめると、法令と条例の矛盾・抵触の有無は、**法令の趣旨、目的、内容、効果**を読み取って決められるということです。法令が関心を有している事項については、条例での別段の定めは許されないけれども、そうでない場合には、別段の定めが許容されるということで、これは相当に応用可能な判断枠組みです。現に、この枠組みは、近年の神奈川県臨時特例

企業税判決（最判平成25年3月21日民集67巻3号438頁・百選4）でも用いられているほどです（☞118頁）。徳島市公安条例判決は、結局、法令に依存しているだけで、何も具体的なことを述べていないと批判されることがあります。しかし、法律先占論が実務で力をもっていた半世紀前に、この判決が自主立法権の拡充に果たした役割は十分に評価すべきだと思います。たしかに、時代の要請に応じて判断枠組みの深化は求められているのですが、だからといって、この判決の意義が損なわれるものではありません。

徳島市公安条例判決の示す基準

① ある事項について国の法令がこれを規律する規定を置いていない場合、条例で規律を行うことは、（法令による規定の欠如が特に当該事項についていかなる規制をも施すことなく放置すべきものとする趣旨であるような）よほどの例外を除いて許される。

  ☞ 規制を置くこと自体が憲法で禁じられているときでもない限り、条例で規律を置いてよい

② 特定事項について規律する国の法令と条例とが併存する場合であっても、両者の目的が異なる場合には、条例が法令の規定の意図する目的と効果を阻害するものでない限り、条例での規律は許される。

  ☞ 法令と目的の異なる条例が法令の意図する目的と効果を阻害する場合というのがあまり思い付かないので、ほとんどの場合は、条例で規律を置くことが認められる

③ 特定事項について規律する国の法令と条例とが併存する場合で、両者の目的が重なり合っている場合には、法令がその地方の実情に応じて別段の規制を施すことを容認する趣旨と解されるときでなければ、条例で規律を行うことは許されない。

  ☞ 法令の規律が条例で別段の規制を置くことを認めている趣旨でないと、条例で規律を置くことは認められない

4　様々な条例

(1)　委任条例と自主条例

　法律の委任に基づいて制定されるのが**委任条例**（法律規定条例とも）で、それ以外が**自主条例**です。まず委任条例について説明すると、公営住宅の入居収入基準（公営住宅法23条1号イ・ロ）のように、以前は法律の厳しい縛りが及んでいたのですが、とりわけ自治事務では、分権改革による「義務付け・枠付け」の見直しに伴って、条例で定めうる範囲が拡大しています。

　屋外広告物法3条1項は、良好な景観・風致を維持するために必要があるときは、都道府県条例によって広告物の表示などを禁止することができると定めています。条例ではなく計画なのですが、景観法8条は景観計画の策定を景観行政団体に委ねています。これらについて条例制定（計画策定）の自由度が高く認められているのは、景観規制は、まさに地域の実情によって決めるべき事項だからです。

　墓地、埋葬等に関する法律（墓地埋葬法）などは、昔から条例制定の自由度が高く認められていました（参照、さいたま地判平成21年12月16日判自343号33頁・百選36）。風俗習慣、宗教、地理的条件が地域によって様々だからです。たとえば、用地の取得が厳しい都市部では早くから火葬が普及したのに対して、私の郷里では、昭和40年代まで土葬が普通だったそうです。南西諸島で風葬が行われていたことは、よく知られています。

　食品衛生法の関係となると、あまり地域の実情が強調されるようには思われませんが、ふぐの調理資格が都道府県によって異なることは有名ですね（山口県「ふぐの処理の規制に関する条例」は、ふぐの本場ということもあり、特に厳しいとされています）。

(2)　自治基本条例

　以下では、自主条例を重点的にみていくことにします。自治体の政策の基本方針を定めた**自治基本条例**は、自主条例の最たるものといえるでしょう。自治

基本条例は、平成12年に北海道ニセコ町で「まちづくり基本条例」が制定されたのを皮切りに、岐阜県多治見市の「市政基本条例」（平成18年）など、300以上の自治体で制定の動きがみられます。自治基本条例には、地方自治法が制定された70年前にはそれほど注目されていなかった情報公開、説明責任、住民参加などに関する規定が数多く盛り込まれていることが特徴です。

(3) まちづくり・環境条例

　まちづくり・環境条例の中には委任条例も多いのですが、かつてとは異なり、屋外広告物条例や景観条例のように、条例制定の自由度は比較的高く認められています。注意しなければならないのは、住民の権利を制限し、あるいは住民に義務を課すには、必ず条例の根拠が必要となることです（法14条2項）。路上喫煙防止条例で違反者に過料を科したり、放置自転車撤去条例で自転車を撤去するためには、条例の根拠が不可欠です。

　かつて要綱（☞85頁）で規律していた内容を、「まちづくり条例」として条例化しようという動きも広まっています。①法律先占論が過去のものとなり、条例制定の自由が判例上承認されたことと、②都市計画に関する事務が分権改革により機関委任事務から自治事務へと変更され、条例制定が可能となったためです。大磯町まちづくり条例は、開発区域の近隣住民との調整の手続について、事業者による開発構想の届出、報告書の提出、開発事業事前協議書の提出を経た上で、町民等が意見書を提出するという双方向のしくみを採用しており、場合によっては公聴会の開催や、まちづくり審議会による助言提案を求めることが可能です。大磯町の試みは、不透明になりやすい行政指導の過程を明確化するとともに、近隣住民からの要求を公開の場で行うことで、開発事業に対する提案の内容を前向きかつ合理的なものとする効果があると思われます。他方で、住民同意を求めたり開発負担金の納付を要求するなど、条例で規定すると裁判所によって違法と評価されそうな事項については、なお要綱に基づく行政指導が用いられる局面が残ります。

　人口減少による都市部の空洞化に伴い、埼玉県所沢市（平成22年）を嚆矢と

して、わずか数年間で、400以上の自治体において空き家対策条例が制定され
ました。秋田県大仙市では、小学校に隣接する危険な空き家について、所有者
への措置命令・勧告を経て、平成24年3月5日、行政代執行による撤去が行わ
れました（☞95頁）。こうした動きが、「空家等対策の推進に関する特別措置法」
（平成26年法律第127号）の制定に結び付いています。近年相次いで制定されてい
る「ごみ屋敷」条例では、単にごみを片付けるだけではなく、福祉的な視点か
ら、ごみ屋敷の住人のケアに取り組むことの必要性が強調されています。（➨
現代的課題390頁）

　昭和54年に滋賀県が制定した「滋賀県琵琶湖の富栄養化の防止に関する条
例」は、工場排水中の窒素・リンを規制するだけではなく、リンを含む合成洗
剤の使用・販売を禁止しました。この影響は全国に広がり、家庭用洗剤の無リ
ン化が急速に進みました。近年でも、国を挙げた再生可能エネルギー政策、
とりわけ固定価格買取制度の「副作用」として、全国各地で太陽光パネルの濫立
が問題となっています。対処の仕方は自治体によって様々で、①行政指導型
（茨城県など）、②太陽光パネルに特化した自主条例型（由布市、高崎市、志摩市、
富士宮市など）、③景観計画型（北海道など）、④その他というように、創意工夫
を見せています。（➨現代的課題335頁）

　まちづくりや環境対策は、むかしもいまも、自治体の条例が先行し、国の法
律がこれを追いかけるかたちをとります。これは、住民の暮らしに密着した自
治体の方が住民のニーズを把握して直ちに動くことに長けていることの、何よ
りの証明といえるでしょう。最近では、神奈川県が制定した「自転車の安全で
適正な利用の促進に関する条例」において、自転車利用者に対し、自転車損害
賠償責任保険に加入することを義務付けたことが注目されます。そう遠くない
将来、自転車利用者に対する保険加入は、ほぼ確実に、法律で義務付けられる
ことになるでしょう。

⑷　ライフスタイルに関する条例
　社会保障の事務は法定受託事務であることが多く、法律の縛りが比較的強い

領域です。もちろん、昔の機関委任事務とは異なり、法定受託事務に関しては条例制定が可能です。しかし、予算措置が不可欠であることもあってか、際立つ条例はあまり聞きません。生活保護などで上乗せ支給を認めると、地方交付税を算定する際に「富裕団体」と認定されて交付金が減額されたりするので、慎重になるのでしょう。

ライフスタイル全般についてみると、少子高齢化への対策が顕著です。かつて三重県旧紀勢町には「キューピット条例」があり、中高年（同町に居住の意思があり、男女いずれかが30歳以上で、両者の年齢の和が95歳まで）が結婚した場合には、縁組手当として1組20万円が支給されていました（同条例4条1項）。

長生きを顕彰する条例は数多く、「大牟田市人生トライアスロン金メダル基金条例」が有名です。何でも、「人生をトライアスロンにたとえ、100歳に達する高齢者に対し、その勝利者として金メダルを贈る」（同条例1条）ということのようです。

⑸　税　条　例

法定税ならば、地方税法の枠組みの範囲内で定めなければなりません。また、法定外税を定める際には、総務大臣の同意を得ることが求められます（☞117頁）。別荘の多い熱海市では、床面積に応じて課税する別荘税が年間5億円の税収をもたらしています。インバウンド需要の高まりを受けて、近年、大阪府、京都市、金沢市、北海道倶知安町でも宿泊税（☞118頁）が導入されました。京都市における空き家税や宮城県の再生可能エネルギー施設への課税も注目されます。

⑹　地域の特色を前面に出した「ご当地条例」

昨今、ご当地キャラやご当地グルメが花盛りですが、条例にも多くの「ご当地条例」があります。まず目立つのが、地産地消を推進する条例です。地域の特産品でしっかり朝ごはんを食べようという「朝ごはん条例」は、男性の平均寿命が全国ワースト10位になったことなどを契機に、住民の健康長寿を願って、

平成16年に青森県鶴田町で制定されたものです。現在では、石川県宝達志水町、
福島県湯川村でも「朝ごはん条例」が制定されています。同じ青森県の板柳町
では、無登録農薬の使用問題が発覚した後の平成14年、りんごの履歴管理（ト
レーサビリティ）システムの導入を軸とする「りんごの生産における安全性の
確保と生産者情報の管理によるりんごの普及促進を図る条例」が制定されまし
た。通称、「りんごまるかじり条例」というそうで、可愛らしいネーミングで
すね。特産品系としては、梅干しをおにぎりに入れましょうという「梅干しで
おにぎり条例」（和歌山県みなべ町）も見逃せません。

　いま全国では、「乾杯条例」が続々と制定されています。これはそのまま、
地元のお酒で乾杯しようという意味のようです。日本酒で（京都市、佐賀県な
ど）、ワインで（北海道富良野市、山梨県甲州市）、焼酎で（宮崎県日南市、長崎県壱
岐市）と、様々なお酒がみられます。

　山梨県に住んでいたとき、「初日の出条例」があると教えられました。富士
吉田市「暴走族の追放の促進に関する条例」のことで、要は富士山への「初日
の出暴走」を取り締まる条例です。警察の尽力により、ひと頃に比べて暴走族
もだいぶ減ったそうですが、正月から大変だなと思いました。よそに行くのは
自由とはいえ、現地に迷惑をかけてはいけません。観光がらみでは、スキー場
区域（ゲレンデ）以外で遭難したときに発生した救助費用の自己負担を定める
長野県野沢温泉村の「スキー場安全条例」が、自己責任論とあいまって話題を
よびました（同条例7条1項・11条）。

＊雪国はつらいよ条例事件
　新潟県旧中里村（現在の十日町市）が制定した「雪国はつらつ条例」が、「雪国は
つらいよ条例」として検定教科書に掲載された事件（？）。村と村民が一体となって、
雪を克服（克雪）し、雪を利用（利雪）し、雪に親しむ（親雪）ための施策を総合的
に推進することで、「村民がはつらつとした活力ある村づくり」を目指して制定され
た条例が、どういうわけか寅さん映画にされてしまったわけですが、倶知安町の「み
んなで親しむ雪条例」のように、北国にはこうした条例が珍しくありません。

自治体の組織①
議会と長

1 議 会

⑴ 議会のあらまし

㋐ 議事機関としての議会

　自治体には、議事機関として**議会**が設置されます（憲法93条1項、法89条1項）。最大判令和2年11月25日民集74巻8号2229頁・百選1を受けて行われた令和5年の法改正では、その権限や職務について確認する規定が置かれました（同条2項・3項）。

> **＊町村総会**
> 　町村については、条例により議会に代えて選挙権を有する者の総会（町村総会）を設置することが認められています（法94条）。非常に人口が少ない場合には、選挙権を有する者全員が集まって会議を開き、意思決定することも可能ですし、地方自治の理念にも反しないからです。町村総会は、代表制民主主義を基調とするわが国法の中でも、数少ない直接民主制のしくみです。現行法下では、東京都八丈小島の宇津木村で昭和26年から4年間、町村総会が行われていました。当時の宇津木村の人口は60人ほどです。なお宇津木村は、昭和30年、八丈町との合併で消滅しています（昭和44年、八丈小島も集団離島により無人島となりました）。平成29年になって、高知県大川村（☞27頁）が町村総会の設置を検討したことは、広く話題になりました。

㋑ 議会の定数

　議会の定数は、自治体ごとに条例で定めることになっています（法90条1項・91条1項）。かつては、法律で市町村の人口ごとに定数の上限を定める必置規制が設けられていましたが、分権改革で廃止されました。議員の数は、自治体がその体力に応じて自ら定めるべきですから、現行法があるべき姿でしょう。

㈦ **議会の招集**

　議会は、長が招集します（法101条1項）。毎年条例で定める回数が招集されるものを**定例会**とよび、特定の案件のみを付議するために招集される**臨時会**と区別されます（法102条）。臨時会は、議員定数の4分の1以上の者が付議すべき事件を示して招集を請求することができます（法101条3項）。議長も、議会運営委員会の議決を経て、付議すべき事件を示して招集を請求することができます（同条2項）。

　鹿児島県阿久根市の混乱にかんがみて、平成24年の地方自治法改正で、議長等により臨時会の招集請求がなされているのに長が招集を行わないときは、議長が臨時会を招集することができるようになりました（法101条5項）。

㈜　**通 年 議 会**

　やはり平成24年の法改正において、条例により、定例会・臨時会の区分を設けず、通年の会期とすることが可能になりました（法102条の2）。**通年議会**は、突発的な事態に素早く対応できるメリットがある一方で、事務局の負担が重くなるといったデメリットも指摘されています。議会対応とは神経を使うもので、職員が議会対応で疲弊してしまわないように、議員の側にも、質問は期限までに提出するといった心構えが必要でしょう。

⑵　**議会の構成員としての議員**

㈠　**議員の選挙権・被選挙権**

　議会の議員は、住民の**直接選挙**によって選ばれます（憲法93条2項）。選挙権者は、日本国民たる満18歳以上の者で、当該自治体に3か月以上住所を有する者とされています（法18条、公職選挙法9条2項）。平成27年の公職選挙法改正で、選挙権者の年齢が18歳以上に引き下げられたのは、記憶に新しいところです。3か月以上の在住要件が定められているのは、特定の政治集団が選挙のたびに選挙が実施される市町村に住民票を移したりするのをなるべく防ぐためです。被選挙権は、選挙権を有する者で、満25歳以上の者に認められます（法19条）。

(イ) 議員の身分と処遇

　議員は、**特別職**の地方公務員とされ、条例の定めるところにより、報酬・期末手当が支給されます（法203条）。特別職なので、地方公務員法は適用されません（☞189頁）。国会議員、他の自治体の議員、自治体の常勤職員等との兼職は禁止されています（法92条・92条の2）。

＊政務活動費

　自治体は、議員の調査研究に資するため必要な経費について、条例の定めにより、会派・議員に対し補助金を交付することができます。これが政務活動費です（法100条14項）。最決平成17年11月10日民集59巻9号2503頁は、政務調査費（当時）について、「地方公共団体の自己決定権や自己責任が拡大し、その議会の担う役割がますます重要なものとなってきていることにかんがみ、議会の審議能力を強化し、議員の調査研究活動の基盤の充実を図るため、議会における会派又は議員に対する調査研究の費用等の助成を制度化し、あわせてその使途の透明性を確保しようとしたもの」であるとしています。平成24年改正で、国に陳情にいくような「その他の活動」にも使途が拡大されて、名称も、「政務調査費」から「政務活動費」へと変更されました。しかし、政務活動費には、議員の私物購入や私的旅行に用いられているのではないかといった疑惑が絶えません。

　政務活動費の支出が違法となるか否かは、それぞれの支出内容が条例等で定められた使途基準に違反しているか否かで判断されます。使途基準とは、研究研修費、調査旅費、事務所費、人件費、広報費、資料作成・購入費などの項目ごとに、細かい基準を定めたものです。裁判例は支出が使途基準に実質的に適合しているかまで判断する傾向にあり、最判平成25年1月25日判時2182号44頁・百選77は、「議員の調査研究に資するため必要な経費」といえるためには、当該行為・活動が、その客観的な目的・性質に照らし、議員としての議会活動の基礎となる調査研究活動との間に合理的関連性を有することが求められるとしています。

　不正支出を防ぐために、条例によって、収支報告書（同条15項）への帳簿・領収書の添付の義務付け、議会内部の機関による使途基準適合性の審査、政務活動費に関する公開窓口の設置などが試みられています。

（➡現代的課題157頁）

(ウ) 議員の規律と品位の保持

　議員には、他からの干渉を受けることなく、自由な政治活動が認められています。それだけに、自らを律して高い品位を保持することが求められます。議

員本人が当該自治体から請負をすることが禁じられているのは（法92条の2）、利益相反のおそれがあるためです。その他にも、自治体職員に対して特定の者への利益供与を働きかける「口利き」などは、行政活動の中立性を侵害するものであり、許されません。

＊政治倫理条例

　広島県府中市の市議会議員政治倫理条例4条は、法92条の2をさらに拡大して、経営への実質的な関与の有無を問わず、「議員、その配偶者若しくは当該議員の2親等以内の親族（姻族を含む。）又は同居の親族が経営する企業」について、市の発注する工事の請負契約などを辞退しなければならず、議員は関係者に対し契約の辞退届を提出するように努めなければならないと定めました。この規定が議員活動の自由（憲法21条1項）や経済活動の自由（憲法22条1項・29条）の不合理な制約ではないか争われたところ、最判平成26年5月27日判時2231号9頁・百選79は、辞退届の提出は努力義務であるし、議員に対し警告や辞職勧告がなされるとしても法的な強制力はないのだからという理由で、合憲としました。しかし、こうした条例は議会内の派閥争いで建設業に関係の深い議員を追い落とすために制定されるのであり、契約からの辞退にせよ、辞職勧告にせよ、法的に強制するのではなく促すにとどめるというところに、行政指導と同じようないやらしさがあると感じます。

㈩　議員の失職

　議員の任期は4年ですが（法93条）、任期の途中でも、議会の許可（議会の閉会中には、議長の許可）を得て辞職することができます（法126条）。住民が選挙権者の3分の1以上（40万人を超える分については6分の1、80万人を超える分については8分の1）の署名を集めて議会の解散請求を行い、住民投票で過半数の同意があった場合には、議会の解散に伴って、議員もその身分を失います（法76条・78条）。議会の解散請求とは、すべての議員の解職請求なのです。住民は、議会の解散だけではなく、個別の議員を対象としてその解職（リコール）を求めることもできます（法80条、☞46頁）。

＊地方議会の自主解散

　議会の自主解散は、多数派が少数派の議員としての資格を奪うことに繋がるため、

慎重な考慮が必要です。「地方公共団体の議会の解散に関する特例法」（昭和40年法律第118号）2条は、4分の3以上の議員が出席し、その5分の4以上の同意があれば、自主解散することを認めています。

⑶　議会の権限──(i)議決権

　議会の最も重要な権限は、いうまでもなく**議決権**です。議決権のうち主要なものは、**制限列挙**されています（法96条1項）。これは、議会の議決事項とされているもの以外、自治体の意思決定は、長やその他の執行機関が行うという趣旨です。これら以外にも、条例で議会の議決すべきものを定めることができます（法96条2項）。①**条例の制定、改廃**については、機関委任事務の時代とは異なり、法定受託事務についても条例制定が可能になりました。②**予算の決定**については、長から提出された予算案の修正は可能ですが、長の予算提出権を侵害するような修正は許されないとされています。

① 条例の制定、改廃
② 予算の決定
③ 決算の認定
④ 地方税の賦課徴収、分担金・使用料・手数料等の徴収
⑤ 一定基準（政令で定める金額）以上の契約の締結
⑥ 財産の交換、出資目的化、支払手段化、適正な対価なき譲渡・貸付
⑦ 不動産の信託
⑧ 一定基準（政令で定める金額、土地の面積）を超える財産の取得・処分
⑨ 負担付き寄附、贈与の受入れ
⑩ 権利の放棄
⑪ 条例で定める重要な公の施設の独占的利用権の供与
⑫ 訴えの提起、和解の締結
⑬ 法律上その義務に属する損害賠償額の決定
⑭ 公共的団体活動の総合調整

⑷　議会の権限——(ii)それ以外の権限

この他にも、議会には、議長・副議長などの選挙権（法97条1項）、自治体の事務執行に関する検査権（法98条1項）、監査委員に対する監査報告の請求権（同条2項）、国会や関係行政機関に対する意見書の提出権（法99条）、調査権（法100条）、請願の受理（法124条・125条）、副知事・副市町村長、監査委員の選任に関する同意（法162条・196条1項）といった権限が認められています。

＊100条調査権

　議会は、自治体の事務に関する調査を行い、選挙人その他の関係人の出頭、証言、記録の提出を請求することができます（法100条1項）。いわば、国会が有する国政調査権（憲法62条）の地方議会版です。民事訴訟法の証人尋問の規定が準用され（法100条2項）、請求を受けた者が正当な理由なく議会への出頭や証言を拒んだときは、6か月以下の拘禁刑または10万円以下の罰金に処せられます（同条3項）。また、偽証罪も適用されます（同条7項）。このように**100条調査権**は極めて強力な権限ですが、個別具体的に議会が委員会（100条委員会）へと委任することも可能です。

⑸　議会の運営

㋐　議長と副議長

議会は、議員の中から**議長・副議長**1人を選挙する必要があります。議長・副議長の任期は、議員の任期によるため（法103条1項・2項）、一応、4年のはずです。ただし、議会の許可を得て辞職することができますので（法108条）、多くの自治体では、1年ごとに交代する運用がなされています。これは、1人でも多くの人が議長職に就くことができるようにするためです。議長は、議場の秩序保持権、議事整理権、議会事務統理権、議会代表権をもつほか（法104条）、委員会に出席し発言することが認められています（法105条）。

㋑　本会議と委員会

議会での審議は、議員全員で組織する**本会議**で行われます。本会議は、議員定数の半数以上の議員が出席して開かれます（定足数、法113条）。会議は、公開が原則です。最近では、本会議の模様をインターネット中継するところも増えてきました。ただし、議長または議員3人以上の発議により、出席議員の3分

の2以上の多数で議決したときは、秘密会の開催が認められます（法115条）。

　議案の多くは長から提出されますが、議員も議員定数の12分の1以上の賛成があるときは、議案を発議することができます（法112条。ただし、予算案は、長からしか提出できません）。議案は、原則として出席議員の過半数で議決され、例外的に可否同数のときは議長が決定します（法116条1項）。

　長その他の執行機関の代表は、説明のために議長から出席を求められたときは、議場に出席する義務があります（法121条）。

　議会は、部門ごとに議案等を調査し審査するため、条例の定めるところにより**委員会**を置くことができます（法109条）。地方議会が扱うべき審議事項は多岐に及びますので、部門ごとに能率的な審議を行うためです。委員会には、常任委員会、議会運営委員会、そして議会の議決により付議された特定の事項を審査するために設けられる特別委員会があります（100条委員会など）。

㈦　**議員の懲罰**

　議会は、地方自治法、会議規則、委員会に関する条例に違反した議員に対して、議決により**懲罰**を科すことができます（法134条1項）。議員の懲罰には、戒告、陳謝、出席停止、除名の4種類があり、行政処分として扱われます（法134条・135条）。

　議員の身分を喪失させる除名については、議員の3分の2以上が出席する会議で4分の3以上の特別多数を得る必要があり、また裁判所の司法審査が及ぶとされてきました（最判昭和26年4月28日民集5巻5号336頁・百選A24など）。「司法審査が及ぶ」というのは、除名された議員が救済を求めて裁判所に訴え出たとき、結論として除名を無効と判断してくれるか否かはともかく、とりあえず裁判所が審理・判断を受け付けてくれるという意味です。これに対して、単なる出席停止などは地方議会の内部規律の問題にすぎないとされ、司法審査は及ばないとされてきました（部分社会の法理、最大判昭和35年10月19日民集14巻12号2633頁）。

　ところが、最大判令和2年11月25日民集74巻8号2229頁・百選1は、岩沼市議会が行った23日間の出席停止の懲罰の取消訴訟について、出席停止の懲罰が

科されると、当該議員がその期間、会議および委員会への出席が停止され、議事に参与して議決に加わるなどの議員としての中核的な活動をすることができず、住民の負託を受けた議員としての責務を十分に果たすことができなくなるのであって、出席停止の懲罰の性質や議員活動に対する制約の程度に照らすと、その適否が専ら議会の自主的、自律的な解決に委ねられるべきであるとはいえないとして、出席停止については司法審査が及ぶという判断を示しました。

（➡現代的課題170頁）

㈐ 議会の運営・議会事務局

議会は、会議規則を設けなければなりません（法120条）。ただし会議運営の内容は、法令に反しない限り、自由に定めることができます。議会は会期ごとに独立していて、会期中に議決に至らなかった事案については、後会に継続せず、廃案となります（会期不継続の原則、法119条）。

議会の運営を補助したり、庶務を処理したりするために、**議会事務局**が置かれます（法138条）。議会事務局は、都道府県議会には必ず設置しなければならず、市町村議会の場合は、条例に定めを置くことで設置が認められます。

＊議会基本条例

平成18年に北海道栗山町で制定されたのを皮切りに、各地で**議会基本条例**が制定されています。制定の目的は議会での審議を活性化させるとともに議員の保つべき品位や政務活動費など政治と金の問題について自己規律を行うことにあるとされ、地方議会の自己改革と活性化の動きといえるでしょう。

---

2 長

⑴ 執行機関としての長

執行機関というのは、自治体の行政的事務を管理執行する機関のことで、自ら自治体の意思決定をし、これを外部に表示する権限をもつ機関です。行政法学でいう「**行政庁**」概念に近いものです。行政庁というのは、自治体を1つの"人（法人）"として捉えたとき、物を考えてそれを外部に表示する"頭"に相当する器官（機関）のことです。

地方自治法は、執行機関として、①**長**、②**委員会**または**委員**を置いています（法138条の４）。長や委員は独任制であるのに対して、委員会は合議制です。

　政治的中立性が要求される分野や、専門技術的判断が必要とされる分野については、長の部局から職務上独立した執行機関として委員会・委員が置かれています。ただし、執行機関の間で権限について疑義が生じたとき、調整に努めるのは、長の役割です（法138条の３第３項、執行機関一体性の原則）。

⑵　長 の 地 位

　自治体の長（**首長**とも）として、都道府県には**知事**が、市町村には**市町村長**が置かれています（法139条）。長は、住民の直接選挙により選出されます（憲法93条２項）。選挙権者は、日本国民たる満18歳以上の者で、当該自治体に３か月以上住所を有する者です（法18条）。長の被選挙権は、都道府県知事にあっては満30歳以上、市町村長にあっては満25歳以上の日本国民に認められます。議員の場合とは異なり、当該地域内に在住することは要件ではありません（法19条）。これは多様な人材を幅広く確保する趣旨からで、各地の首長選挙に立候補する「名物候補」が生まれるのはそのためです。長の任期は４年（法140条）ですが、次の場合には失職し、長の身分を失います。

⒜　被選挙権を失った場合（法143条）　　典型的には、汚職や選挙違反により、有罪が確定したときです。

⒝　関係私企業の役員になった場合（法142条）　　長は、癒着を防ぐために、当該自治体から公共事業を請け負う私企業の役員（取締役・監査役など）になることが禁じられます。そのため、それらの私企業の役員になった場合には、長の身分を失います。ただし、自治体が経営権を握っている第三セクターの役員に就任することは認められています。第三セクターの場合、出資する自治体の長が代表取締役を兼務することが多いからです。

⒞　議会による不信任議決の場合（法178条）　　（☞156頁）

⒟　住民から解職請求（リコール）がなされた場合（法81条～83条）　　住民の代表者が選挙権者の３分の１以上（有権者数が40万人を超える部分は６分の１、80万

人を超える部分は８分の１）の者の署名を集めて解職を請求し、住民投票で過半数の同意があったときは、長は失職します。ただし、就職の日および前回の解職投票の日から１年以内は、解職請求することはできません（法84条、☞46頁）。

＊長の多選制限

自治体の長は任期が長くなるほどオール与党化して、４選、５選と続くものも珍しくありません。しかし、あまりに長期間にわたり自治体内部で絶大な権限を行使すると、いつか腐敗が生じます。そこで現れるのが、多選を制限すべきという提案です。**多選制限**は、現職の長にとっては立候補の自由（被選挙権）の制約ですが、それを上回る公共の福祉が認められると思います。

(3) 長 の 権 限

長の権限は、自治体を統括し、これを代表することと（法147条）、その事務を管理し、執行することです（法148条）。具体的には、おおむね次に掲げる事務を担任することとされています（法149条）。「おおむね」という表現からわかるように、これは**概括列挙**です。

① 議会への議案の提出
② 予算の調製、執行
③ 地方税の賦課徴収、分担金、使用料、加入金、手数料の徴収、過料を科すること
④ 決算を議会の認定に付すること
⑤ 会計の監督
⑥ 財産の取得、管理、処分
⑦ 公の施設の設置、管理、廃止
⑧ 証書・公文書類の保管
⑨ これら以外の当該自治体の事務の執行

(4) 長の補助機関

(ア) 副知事・副市町村長

長を補佐する機関として、都道府県に**副知事**が、市町村には**副市町村長**（従前の「助役」）が置かれます。副知事・副市町村長は、長が議会の同意を得て選

任します（法162条）。その定数は条例で定めることになっていて、置かないことも可能です（法161条1項・2項）。副知事が知事選に立候補して現職を破るということが続き、副知事を置かなくなった県もあるそうです。

副知事・副市町村長の職務は、長を補佐し、その命を受け政策・企画をつかさどり、**補助機関**である職員（補助職員）を監督することです（法167条1項）。長に事故があるとき、または長が欠けたときには、長の職務を代理します（法152条1項）。さらに、長の権限に属する事務の一部について委任を受け、事務を執行します（法167条2項）。

任期は4年ですが、長は任期中でも副知事・副市町村長を解職することができます（法163条）。

(イ)　会計管理者

自治体の会計事務を担当する機関として、**会計管理者**が置かれています。以前は「出納長」「収入役」とよばれていました。会計管理者は、補助機関である職員のうちから、長が任命します（法168条1項・2項）。会計事務には、現金の出納保管、支出負担行為（支出の原因となる契約など）に関する確認、決算の調製などがあります。

会計管理者とその補助職員らが故意・重過失によって保管する現金・物品等を亡失・損傷したときは、自治体に損害を賠償しなければなりません。支出負担行為等の権限を有する職員が故意・重過失により違法行為を行って自治体に損害を与えたときも同様です（法243条の2の8第1項）。長がこれらの行為を見つけたときは、監査委員に対して事実確認を求めるとともに賠償責任の有無および賠償額を決定することを求め、その決定に基づいて、職員に賠償命令をしなければなりません（同条第3項）。ただし、当該損害が不可抗力によるものであるときは、議会の同意を得て、賠償責任の全部または一部を免除することができます（同条第8項）。

こうした賠償命令と免除のしくみが定められている趣旨は、金銭を扱うという会計管理者の職責にかんがみて、自治体の簡易迅速な損害回復と公正な手続による賠償責任免除を図ることにあるとされています。

㈦ 補 助 職 員

　自治体に勤務する大半の人は、**補助職員**に分類されます。補助職員は、任命権者によって任命され、その指揮監督の下に、自治体を支えています（法172条、☞189頁）。この本は、補助職員のみなさんに向けて書いたものです。

＊交際費の支出

　長による交際費の支出の是非が、住民訴訟で問われることがあります（最判平成18年12月1日民集60巻10号3847頁）。⒤特定の事務を遂行し対外的折衝等を行う過程で具体的な目的をもってされる交際は、社会通念上儀礼の範囲にとどまる限り、認められます（調整的交際費）。これに対して、⒤具体的な目的がない交際は、①一般的な相手方との友好、信頼関係の維持増進を図ることを目的とすると客観的にみることができ、②社会通念上儀礼の範囲にとどまる限りにおいて認められるとされており、より厳格な制限に服します（儀礼的交際費）。

＊支所機能の充実

　長は、地域的な事務を分掌させるために、条例で、都道府県にあっては支庁・地方事務所、市町村にあっては支所・出張所といった出先機関を設けることができます（法155条、☞34頁）。

＊内部統制体制

　自治体の提供する行政サービスの多様化に伴い、事務の適切な執行による組織目的の達成について確保する必要はますます高まっています。平成29年の法改正では、自治体の事務を全般的に統括する長には、財務や情報管理にまつわる様々なリスクを評価・コントロールし、事務の適正な執行を確保する体制（**内部統制体制**）を整備・運用することが求められることになりました（法150条1項・2項）。みなさんの自治体でも、静岡市などの先進自治体の取組みを参照しながら、創意工夫してみるとよいでしょう。（➡現代的課題80頁）

Chap. 12

自治体の組織②
委員会と委員、議会と長の関係、監査のしくみ

■ 委員会と委員、附属機関、専門委員

⑴ 委員会と委員

　自治体の執行機関は、長だけではありません。事務を執行する上で政治的中立性が要求される分野や専門技術的判断が必要とされる分野については、長の部局から職務上独立した執行機関（委員会・委員）が置かれて、長の指揮監督を受けることなく、独自の判断で事務の執行に当たることとされています（法138条の4）。具体的には、選挙、教育、人事行政、警察、土地収用などです。

　首長選挙の実施を首長が所管していたのでは、不正の温床になるし、中立性・公平性に重大な疑義が生じることは、明らかですね（独裁国家でさえ、選管は一応独立している建前です）。警察についても、職権行使が独立していなければ、長や行政内部の汚職の追及が及び腰になるでしょう。そのために、これらの事務については、長の部局から職務上独立した委員会・委員の役割とされたのです。他方で、紛争調整を所掌する土地収用、農地、漁業権の領域でも、その専門性から、委員会・委員を置くこととされました。

　委員会・委員には、それぞれに認められた明確な範囲の所掌事務と権限の下で（法138条の3）、誠実に事務を管理執行する義務があります（法138条の2の2）。このように、委員会・委員は、形式的には長の下に置かれていますが、自らの判断と責任において、事務を管理・執行します（執行機関多元主義）。しかし他方で、同じ自治体に属する執行機関である以上は、相互に連絡を図り、一体として行政機能を発揮することも求められます（法138条の3第2項）。執行機関の間に権限についての疑義が生じたとき、調整に努めるのは、長の重要な役割です（法138条の3第3項、執行機関一体性の原則）。また、予算要求は長を通

して行います（法180条の6第1号参照）。

　設置される委員会・委員は、法律で定められています（法180条の5）。**選挙管理委員会、教育委員会、人事委員会**（あるいは**公平委員会**）、**監査委員**は、すべての自治体で置かなければなりません。ここで、監査「委員」はそれぞれの委員が個別的に職権を行使する**独任制**であるのに対して、選挙管理「委員会」や人事「委員会」のように「委員会」とされるものは、委員会全体で職権を行使する**合議制**です。先ほどから、「委員会・委員」という表現を用いているのは、このためです。この他に、都道府県には**公安委員会、労働委員会、収用委員会、海区漁業調整委員会、内水面漁場管理委員会**を、市町村には**農業委員会**や**固定資産評価審査委員会**を置かなければなりません。

　このように、法律が自治体の中に必ず設置すべき機関（その権限、定数、任期など）を定めていることを、**必置規制**とよびます。必置規制は、自治体の自主組織権と抵触するため、近年の法改正で徐々に緩和されてきました。

> **＊委員会委員の月額報酬制**
> 　法203条の2第2項は、委員会委員の報酬について日割りを原則としつつ、条例で特別の定めをした場合には、月額報酬制の採用も認めています。この点、最判平成23年12月15日民集65巻9号3393頁・百選86は、日額と月額のいずれを採用するかについて議会に広い裁量を認めています。委員会・委員の報酬は、当該委員の勤務態様、実質的な負担、人材の確保といった視点（さらには、当該自治体の財政状況）から複合的に判断すべきことですから、妥当な判決です。

(2)　附属機関

　自治体は、執行機関の**附属機関**として、法律または条例で、**審議会、調査会、審査会**を置くことができます（法138条の4第3項）。附属機関の多くは、合議制です。附属機関は、あくまでも執行機関のために調停、審査、審議、調査を行うにとどまり、独自の立場で意思決定・執行を行う権限をもたないため、執行機関とはいえません（参照、大阪高判平成27年6月25日判自409号16頁・百選84）。附属機関には、①諮問型と②裁決型があります。①諮問型とは、審議会のように、

執行機関が専門家や中立公平な立場にある第三者の意見を聴くために設けられるものです。環境保全審議会のように法律で設置が義務付けられるものもあれば、条例や要綱で設置されるものもあります。執行機関は審議会の答申を尊重する義務を負いますが、それに拘束はされません。②裁決型は、開発審査会や建築審査会のように、行政不服審査法の審査請求に対して裁決を担当する機関です。

＊附属機関以外の施設

　試験所、研究所、病院、大学などは、「公の施設」（法244条）であるもの以外は、執行機関の内部部局として位置付けられます。近年では、公立大学法人のように、**地方独立行政法人**として独立した地位を与えられることもあります。自治体が地方独立行政法人を設立しようとするときは、その議会の議決を経て定款を定め、総務大臣または都道府県知事の認可を受ける必要があります（地方独立行政法人法 7 条）。

⑶　専 門 委 員

　専門委員も、執行機関の補助機関として、特定事項の調査を担当します（法174条）。基本的な役割は附属機関と同様ですが、専門委員は独任制である点が異なります。

② 議会と長の関係

⑴　二元代表制

　議会と長は、原則として相互に独立して職務を行います（**二元代表制**）。首長制ということもあります。国政のような議院内閣制は採られておらず、議会の議員も長も、それぞれ住民の直接選挙で選ばれるのが特徴です（憲法93条 2 項）。しかし、多くの自治体では、議会多数派と長の支持基盤は共通しているため、首長選挙では、有力候補（現職）を各党相乗りで支援するという構図が一般的です。結果、地方政治はオール与党体制となり、長が提出した予算案を議会が否決するなど、議会と長の間に対立が生じることは――昭和40年代の革新自治体の動きなど除いて――あまりみられませんでした。

　ところが、近年では、劇場型政治家の登場などにより、議会の多数派と長の意向が衝突することも稀ではなくなっています。法律の役割は、紛争解決のルールを提供することにあるので、地方自治法も、議会と長の間に対立が生じたときのためのルールを設けています。

　地方自治における二元代表制は、アメリカの大統領制とよく似ているのですが、やや異なる部分もあり、議会と長の均衡と調和を保つために、①**拒否権・再議**制度、②**不信任議決・解散**制度、③**専決処分**制度を設けています。近年、議会と長の対立が世間を騒がせる事案が相次いだことから、法改正が行われました。しかし、議会と長の対立は、本来、政治的な話合いで解決すべき事柄であり、紛争が法的局面に持ち込まれるのは、決して褒められたことではありません。

⑵　長の拒否権・議会の再議

　長は一定の場合に、議会が一度下した決定に対して**拒否権**を行使し、再度審議するよう求めることができます。この拒否権には、①一般的拒否権と②特別的拒否権があり、①の場合は必ずしも行使する必要がないのに対して、②の場合は要件を満たす限り行使しなければなりません。

㋐　一般的拒否権

　長は、議会における議決について異議があるときは、議会から送付を受けた日から10日以内に理由を付して議会の**再議**に付すことができます（法176条1項）。これを**一般的拒否権**とよびます。ただし、再議でまた同じ内容の議決がなされたときは、その議決は確定します（同条2項）。条例・予算については、要件が出席議員の3分の2以上の同意に加重されています（同条3項）。

㋑　特別的拒否権

　長は、議会の議決等がその権限を超えており、あるいは法令・会議規則に違反すると認めるときは、理由を示して議会の**再議**等に付さなければなりません（同条4項）。これを**特別的拒否権**とよびます。一般的拒否権の場合とは異なり、議会の議決が法律に違反している（と長が考える）ときなので、放置するわけ

にはいかず、議会に対して再考を促さなければならないのです。

　再議の結果、議会がなお同じ議決等をしたときは、21日以内に、都道府県知事にあっては総務大臣に、市町村長にあっては都道府県知事に対し審査を申し立てることが認められています（同条5項）。審査の結果下された裁定に不服がある場合には、議会または長は、裁定庁を被告にして60日以内に裁定の取消訴訟を提起することができます（同条7項）。この訴訟は、**機関訴訟**です。**名古屋市会中期戦略ビジョン再議決事件**（名古屋地判平成24年1月19日自治研究87巻6号121頁・百選A38）では、総合計画の策定権限が議会と長のいずれに帰属するかが争われました。

　特別的拒否権は、議会が、①法令により負担する経費など義務的な経費を削除・減額する議決をしたときや、②非常の災害による応急・復旧の施設費・感染症予防費を削除・減額する議決をしたときにも認められます（法177条1項）。①について、再議の結果、議会がなおその経費を削除・減額したときは、長は、その経費を予算計上して支出することができます（同条2項、長の原案執行権）。②について、再議の結果、議会がなおその経費を削除・減額したときは、長は、その議決を不信任の議決とみなすことができます（同条3項）。

(3)　議会による長の不信任議決

　議会において長の**不信任議決**をした場合には、長は、国政における内閣と同様に、議会の解散か自身の失職かを選ばなければなりません（法178条）。つまり、不信任議決の通知を受けた日から10日以内に議会を解散しないときは、長は失職します。不信任の議決は、議員数の3分の2以上の者が出席する会議で、その4分の3以上の特別多数により同意することが求められます。なお、国政とは異なり、信任決議案が否決されたときの解散（憲法69条）は明文では定められていません。解散後初めて招集された議会において再び不信任の議決があったときは、長は不信任議決の通知を受けた日に失職します。このときの不信任議決は、議員数の3分の2以上の者が出席する会議で、その過半数の同意があれば成立します。なお、東京地判令和3年6月29日・百選125は、「不信任議

決」とは、客観的にみて、長に対する不信任の意思を含むことが明確であって、かつ、不信任との意思が当該議決の要素を成すものであることを要するとしました。

⑷　長の専決処分

㋐　法定代理的専決処分

　長は、議会の議決すべき事件について、定足数を満たさないとき、特に緊急を要するため議会を招集する時間的余裕がないことが明らかであると認めるとき、議会が議決すべき事件を議決しないときには、代わって処分することが認められています（法179条1項）。これを（**法定代理的**）**専決処分**とよびます。「議会が議決すべき事件を議決しないとき」は、単なる否決は含まず、議会が議決しないという意思を有し、実際にも議決に至らないような場合を指します（東京高判平成25年8月29日判時2206号76頁・百選75）。長が専決処分をしたときは、その旨を次の議会の会議において報告し、議会の承認を求めなければなりません（同条3項）。ただし、議会の承認を得られなくとも、専決処分の効力に影響はなく、単に長の政治責任が問題となるにすぎません。（➡現代的課題127頁）

　専決処分に関しては、鹿児島県阿久根市長が濫発して市政が混乱したことの教訓から、平成24年改正により、副知事・副市町村長の選任が対象から除外されました（法179条1項ただし書）。また、条例・予算の専決処分について議会が不承認としたときは、長は必要と認める措置を講じ、議会に報告しなければならないことになりました（同条4項）。コロナ禍における補正予算の議決がしばしば専決処分で行われたことは、記憶に新しいところです。

㋑　任意代理的専決処分

　議会の権限に属する軽易な事項で、議会の議決により特に指定したものについても、専決処分が認められています（**任意代理的専決処分**）。具体的には、①100万円以下の損害賠償を定めることや、②法令の改正に対応して条例も改正が必要であるところ、法令の題名、条項、用語の変更といった機械的な処理で対応できる場合などです。ただし、事後的に議会に報告することが必要です

（法180条）。訴訟上の和解も専決処分に委ねられていることが多いのですが、あまりに高額な和解は議会の議決を必要とすべきでしょう。東京高判平成13年8月27日判時1764号56頁・百選A21では、東京都知事が85億円を支払って訴訟上の和解をしたことについて、「軽易な事項」とはいえないとされました（その後東京都では、専決処分できる事項は、価額が3,000万円以下の和解に改められました）。

＊専決処分と「専決」

　法179条の専決処分と、行政組織法上の概念である「専決」は全く異なるので、注意してください。「**専決**」とは、代理の一種で、副市長や課長などが、市長の名義で権限を行使することです。**代理**の場合は、「市長○○代理人課長△△」という名義になるのに対して、専決の場合は「市長○○」という名義のみを示して課長が権限を行使するという点が異なります。一見すると市長の名義を冒用しているようですが、むろん市長の了解は取ってあります。「専決」は、自治体実務で非常によく用いられています。市長が休暇や出張などで不在の場合には、「**代決**」という運用がなされます。

---

❸　監査のしくみ

(1)　監 査 委 員

　自治体には、財政上の行為や財産の管理の適正を期すために、**監査委員**が置かれています。監査委員は、議会の同意を得て長が選任します（法195条・196条）。それぞれの監査委員は独任機関として権限を行使し、**財務監査**（法199条1項）を行うほか、必要があると認めるときは、自治体の行政の執行全般について**事務監査**（同条2項）を行うことができます。

　監査には、毎年定期的に行われる**定例監査**（同条4項）と不定期に行われる**随意監査**（同条5項）があり、後者は、監査委員が必要と認めたとき、議会または長から要求があったとき（同条6項以下・98条2項）に行われるものです。監査委員には、それ以外にも、**事務監査請求**や**住民監査請求**がなされたときに対応に当たるという重要な役割があります。平成29年の法改正では、監査の実効性を確保することをねらいとして、監査基準の策定が義務付けられたほか

（法198条の４）、監査委員による勧告（法199条11項）や監査専門委員（法200条の２）の制度が設けられました。

　とはいえ、監査委員は議員のほかには自治体職員のOBなどが就任することが多く（法196条２項で制約がかけられています。）、議会の同意を得て長が選任するというプロセスからみても、議会や長が自分たちに厳しい監査を及ぼすような人物を選ぶことは期待しづらいところです。外部監査、オンブズマン、事務監査請求、住民監査請求、そして住民訴訟は、この疑念に応えるためのしくみといえます。

⑵　外 部 監 査

　自治体が、従来の監査委員による監査に加えて、外部の公認会計士などと契約を締結して監査を受けるしくみが、**外部監査**です。外部の専門家が監査を行うことで、専門性、中立性を強化することがねらいです。外部監査には、個別の案件ごとに行う個別外部監査と、一定期間にわたり包括的に監査を受ける包括外部監査があります（法252条の27）。都道府県、指定都市、中核市は、包括外部監査契約を締結することが法律で義務付けられています（法252条の36第１項１号・２号）。それ以外の市町村は、条例で定めた場合に、包括外部監査契約を結ぶことができます（同条２項）。平成29年の法改正により、２年に１度とか、３年に１度といったように、その頻度を条例で定めることができることになりました（同条２項）。

⑶　オンブズマン

　その発祥国であるスウェーデンでは、**オンブズマン**とは、行政を監視するために議会の内部に置かれた公的な役職のことでした。一般的な理解では、行政を監視する公的な役職のことを意味します。この意味でのオンブズマンの役割は、わが国では国・自治体の行政評価、行政相談、苦情受付の部局が担っています。代表的な事例が、川崎市市民オンブズマンです。

＊各地の「市民オンブズマン」

　これに対して、わが国で「市民オンブズマン」を名乗る団体のほとんどは、行政活動を監視する民間団体のことで、各地で情報公開請求を行い、住民監査請求・住民訴訟の主役となっています。これら「市民オンブズマン」は、行政組織に属しているわけではありませんが、地方行政が法律を遵守しているか常にチェックしており、法治行政にとって大きな役割を果たしています。

(4)　事務監査請求

　自治体の事務の執行について疑義があるときは、選挙権を有する者はいつでも、選挙権者の50分の1以上の連署により、監査すべき事項を示して監査委員に対し、監査を求めることが認められています。これを**事務監査請求**とよびます（法75条）。事務監査請求は**直接請求**の一種ですので、選挙権者のみに許されており、未成年者や外国籍の者は行うことができません（☞46頁）。

　その対象は、原則として自治事務、法定受託事務を問わず、財務会計上の行為だけでなく、事務の適否全般に及びます（法199条）。この請求があったときは、監査委員は、直ちに請求の要旨を公表し、速やかに監査を行い、監査の結果報告書を、監査請求をした請求代表者へ送付、公表し、議会、長その他の執行機関に提出しなければなりません。

　事務監査請求では、住民監査請求と比べて請求の要件が厳しい分だけ、より踏み込んだ監査請求が認められています。

(5)　住民監査請求

　住民監査請求は、住民訴訟と共通する点が多いので、次章で扱うこととしましょう（☞161頁）。

Chap. 13

住民による自治体のチェック
住民監査請求と住民訴訟

1 住民監査請求

(1) 概　要

　執行機関（長、行政委員会）や職員が、**違法または不当な財務会計上の行為**（公金の支出、契約の締結、「怠る事実」など）により自治体に損害を及ぼしていると認められる場合に、住民は、当該行為をやめさせ、あるいはそれによって自治体の被った損害を回復させるために、監査委員に対し監査を求めることができます。典型的には、長が自分と関係する団体に不要な補助金1,000万円を支出した場合に、団体から1,000万円の返却を求めることや、そのような判断を下したことで自治体に損害を与えた長に対し1,000万円の損害賠償を請求することなどが考えられます。これを**住民監査請求**とよびます（法242条1項）。

(2) 怠 る 事 実

　自治体が違法・不当に公金の賦課・徴収もしくは財産の管理を怠っていることを「**怠る事実**」とよびます。有名なのが、はみ出し自販機事件です。東京都は、多くのジュースの自動販売機が都道にはみ出していたことで占用料相当額について損害を被っていたのですが、製造業者に対して損害賠償・不当利得返還を請求していませんでした。これについては、長が客観的に存在する債権を理由もなく放置・免除することは違法な「怠る事実」となるとするのが判例の立場です（最判昭和57年7月13日民集36巻6号970頁）。

　しかし、債権金額が少額で、取立てに要する費用に満たないと認められ、かつ、これを履行させることが著しく困難・不適当であるときは、徴収しないことも認められています（法施行令171条の5第3号）。はみ出し自販機事件につい

て、最判平成16年4月23日民集58巻4号892頁・百選110は、①はみ出し自販機は約36,000台もあり、1台ごとに債務者を特定して債権額を算定するには多くの労力・費用を要する割に、1台当たりの占用料相当額は少額にとどまること、②抜本的解決として、都は製造業者に指導して自販機を撤去させたことなどを考慮すれば、占用料相当額を取り立てないとした判断は違法とまではいえないとしました。

砂川市が市有地上の神社施設の撤去および土地の明渡しを請求しないことは違法な「怠る事実」であるかが争われた空知太神社事件において、最大判平成22年1月20日民集64巻1号1頁・百選100は、無償で神社施設の敷地として使用させている現状が政教分離の観点から違憲であることは認めながらも、違憲状態の解消には神社施設の撤去等を求める以外にも適切な手段があり得るのであって、「怠る事実」の違法が認められるのは、他の手段を考慮してもなお上記撤去等の請求をしないことが裁量権の逸脱・濫用と評価される場合に限られるとしました。

那覇市が都市公園内に設置を許可した至聖廟等について使用料の徴収を全額免除していたことについて、最大判令和3年2月24日民集75巻2号29頁・百選108は、至聖廟には宗教性があり、観光資源等としての意義や歴史的価値を考慮しても、市が使用料徴収を全額免除することは、市が特定の宗教に特別の便益を提供し、これを援助するものであって、憲法20条3項に照らして違法な「怠る事実」であるとしました。

債権が客観的に存在するか否かについて判断が難しい場合もあるのですが、長が客観的にみて不法行為の成立を認定するに足りる証拠資料を入手したならば、果敢に損害賠償債権を行使しなければなりません。業者間の談合による不法行為のように、独占禁止法の審決が確定すれば独占禁止法25条に基づく損害賠償を請求できるケースであっても、審決が出るまで損害賠償を請求しないという運用は許されないとするのが、判例の立場です（最判平成21年4月28日判時2047号113頁・百選A35）。

なお、適法な財務会計行為を行ったとしても同等以上の支出を余儀なくされ

る場合には、「損害」は否定されます（最判昭和55年2月22日判時962号50頁など）。損益相殺も認められます（最判平成6年12月20日民集48巻8号1676頁・百選112）。

(3) 財務会計上の行為の特定

住民監査請求は、財務会計に係る違法・不当な行為ないし怠る事実を具体的に摘示して行う必要があります（法242条1項）。「**具体的な摘示**」とは、監査委員が少し調べればどの行為であるのかを認識することができる程度であればよいとされています（最判平成18年4月25日民集60巻4号1841頁・百選93）。

(4) 監査請求期間

(ア) 原則は1年以内

住民監査請求は、財務会計行為があった日または終わった日から原則として1年以内に行う必要があります（同条2項）。**監査請求期間**は、支出の原因となる契約などの支出負担行為（長）、支出命令（長）、具体的な支出（会計管理者）のそれぞれがあった日から各別に計算されます（最判平成14年7月16日民集56巻6号1339頁・百選94）。

(イ) 期間の経過と「正当な理由」

住民監査請求は、財務会計に係る違法・不当な行為ないし怠る事実を具体的に摘示して、行為があった日または終わった日から、原則として**1年以内**に行わなければなりません（同項）。いつまでも住民監査請求（そして住民訴訟）の対象とすることは、法的安定性を損ない好ましくないからです。

しかし、財務会計上の行為が秘密裡になされたときに、1年間を隠し切ればお咎めなしというのも、納得がいかないことでしょう。そこで、「正当な理由」があるときは、1年間の期間制限はかからないとされています（同項ただし書）。同和対策費支出事件において最判平成14年9月12日民集56巻7号1481頁・百選96は、「正当な理由」の有無は、特段の事情のない限り、住民が①相当の注意力をもって調査したときに客観的にみて当該行為を知ることができたかどうか、また、②当該行為を知ることができたと解されるときから相当な期間内に監査

請求をしたかどうかによって判断すべきものであり、このことは、当該行為が秘密裡にされた場合に限らず、住民が相当の注意力をもって調査を尽くしても客観的にみて監査請求をするに足りる程度に当該行為の存在・内容を知ることができなかった場合にも同様であるとしました。

②について、監査請求は、新聞報道、議会での質問、情報公開などを通じて当該行為が判明したときから「相当な期間内」に行わなければなりません。具体的には、60日程度であるとされています（前掲最判平成14年9月12日、最判平成20年3月17日判時2004号59頁）。

(ウ)　怠る事実と監査請求期間

怠る事実については、違法な不作為状態が継続している限り請求は可能であって、1年の期間制限は働きません（最判昭和53年6月23日判時897号54頁）。ただし、財務会計職員の積極的な財務会計上の行為を違法であるとし、当該行為が違法、無効であることに基づいて発生する実体法上の請求権の不行使をもって「怠る事実」と構成している場合には、実質的には当該行為についての監査を求めていることと何ら変わりありません。これを「不真正怠る事実」とよび、不真正怠る事実の場合は、当該行為のあった日から1年間の期間制限が働きます（最判昭和62年2月20日民集41巻1号122頁・百選A30、最判平成14年7月2日民集56巻6号1049頁・百選95）。

この説明ではわかりにくいと思いますので、次の事例で理解してください。平成27年9月1日にA市の職員Bが公金100万円を不正に支出したとします。この場合、A市の住民は、不正支出から1年間が経過する平成28年9月1日まで、A市に対して、Bに100万円の損害賠償請求を行うように請求することができます。住民訴訟では、4号請求に対応します。ところが、この請求は、「A市はBに対して100万円の損害賠償請求をしなければならないにもかかわらず、これを怠っている」と構成することもできるのです。怠っている状態はずっと続いていますから、このように構成すると、A市に対する追及は、永遠に可能となります。しかし、これでは住民監査請求に1年間の期間制限を定めたことの意味がなくなります（A市が不祥事を1年間追及されなければ、それ以降、

住民監査請求を免れることの是非は問題となりますが、それは別の話です）。そこで、このような「怠る事実」については、平成28年9月1日までしか住民監査請求を行うことはできないとするわけです。これが、不真正怠る事実です。

⑸　請求をなしうる者の範囲

　住民監査請求は、住民1人でもすることが可能で、当該自治体の住民であれば、未成年者や外国籍の者でも行うことができます。納税義務を有する者でなくとも差し支えありません。

⑹　監査委員が行うべき対応

　住民監査請求がなされたときは、監査委員は、60日以内に監査を行い、請求に理由がないときは、書面でその旨を請求人に通知し、公表する必要があります。請求に理由があるときは、議会、長その他の執行機関または職員に対し必要な措置をとるべき旨を勧告し、その内容を請求人に通知し、公表しなければなりません（法242条4項・5項・6項）。

② 住 民 訴 訟

⑴　住民訴訟の要件

　住民監査請求がなされた場合には、監査委員が勧告を出して、執行機関がそれに対応した措置を執ることが予定されています。しかし、①監査委員による監査の結果、請求に理由がないと判断されたとき、②請求に理由があると考えて、監査委員から勧告は出されたものの、不十分な内容であったとき、③勧告は十分な内容であったが、執行機関が適切に対応していないと考えたときには、監査請求を行った者は、監査結果または勧告内容の通知があった日から30日以内に、**住民訴訟**を提起することができます（法242条の2第1項・第2項・第3項）。

　住民監査請求をしていない者は、住民訴訟を提起することができません。ただし、住民監査請求は住民ならば誰でもなしうるので、住民ならば誰でも住民訴訟を提起できることになります。訴額は一律に160万円とみなされ、印紙代

は13,000円です（民事訴訟費用等に関する法律4条2項）。住民訴訟は、訴訟提起のハードルが極めて低いことから、違法行政を是正する手段として盛んに活用されています（参照、最判昭和53年3月30日民集32巻2号485頁・百選97）。

　なお、住民訴訟の場合、住民監査請求とは異なり、行政活動の違法性のみが審理の対象であり、不当な行為については対象外です。裁判所はあくまで法を解釈・適用する機関であって、政策的な妥当性の判断はその権限外だからです。

＊適法・違法と当・不当
　適法・違法というのは、その行為が法律に違反するか否かのことです。これに対して、当・不当は、法律に違反するか否かとは関係なく、その行為が政策的にみて妥当か否かを意味します。

---

(2)　4種類の請求

　住民訴訟で請求できる裁判には、次の4種があります（法242条の2第1項）。その対象は、住民監査請求と同様に、「財務会計上の行為」です。**1号請求**の例としては、公金支出の差止めや、公共工事の請負契約の締結の差止めが考えられます。織田が浜訴訟において最判平成5年9月7日民集47巻7号4755頁・百選A33は、事前の差止めである以上は一定の予測が含まれるため、対象となる行為の範囲がある程度特定されていれば足りるとしました。**2号請求**の例は、行政財産の目的外利用許可の取消しなどですが、あまり事例はありません。**3号請求**（☞161頁）、**4号請求**（☞(3)4号請求──2段階の手続）は、項を改めて説明します。

1号　財務会計上の行為の差止め請求
2号　財務会計行為として行われる行政処分の取消し・無効確認請求
3号　「怠る事実」の違法確認請求
4号　「当該職員」あるいは「相手方」に対して損害賠償請求・不当利得返還請求をすることを求める請求

⑶　4 号請求──2 段階の手続

　4 号請求は、自治体の執行機関・職員を被告に、「当該職員」あるいは「相手方」に対して損害賠償請求または不当利得返還請求をすることを求める請求です。「当該職員」とは、違法な行為によって自治体に損害を与えている者をいい、具体的には、長や職員を指します。「相手方」というのは、違法な行為や怠る事実によって利得を得ている者などのことです。つまり 4 号請求の典型は、住民が、（執行機関としての）自治体の長を被告として、「**違法な行為によって損害賠償責任を負う者に対し、その賠償金を自治体に支払うように請求すること**」を求める請求です。「請求」が何度も出てきてわかりにくいので、自分で図を描いてみてください。

　4 号請求で住民勝訴の判決が確定した場合、敗訴した自治体の長は、60 日以内に請求にかかわる損害賠償等の支払いを「当該職員」や「相手方」に請求しなければなりません（法242条の 3 第 1 項）。それにもかかわらず支払いがなされない場合には、当該自治体は、改めて当該職員ないし相手方に対して、損害賠償等を求める訴訟を提起しなければなりません（同条第 2 項）。この場合、2 段階の訴訟手続を踏むことになります。なお、「当該職員」が（個人としての）長である場合には、代表監査委員が自治体を代表します（同条第 5 項）。

図 9　住民訴訟の 4 号請求

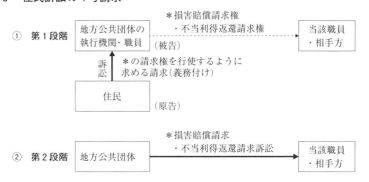

3　住民訴訟の諸問題

(1)　「当該職員」の範囲

　４号請求の「**当該職員**」の範囲は、行政組織法の理解とともに問題となります。まず、公金の支出について長から権限の委任（☞61頁）を受けた者も、広く「当該職員」に含まれるというのが、判例の立場です（最判昭和62年４月10日民集41巻３号239頁・百選98）。

　最判平成３年12月20日民集45巻９号1455頁・百選81は、本来の支出権者が補助職員に専決（☞157頁）させていたような場合には、補助職員も「当該職員」に含まれるとした上で、本来の権限者が賠償責任を負うのは、「補助職員が財務会計上の違法行為をすることを阻止すべき指揮監督上の義務に違反し、故意又は過失により右補助職員が財務会計上の違法行為をすることを阻止しなかったときに限」られるとしました。本来の権限者の免責を幅広く認めすぎている印象はありますが、現実の行政の職務分掌のあり方を踏まえると、やむをえない判断なのでしょう。

　箕面忠魂碑判決（最判平成５年２月16日民集47巻３号1687頁）は、委任（☞61頁）の場合の本来の権限者の責任について、これと同様の判断を下しています。市長の交際費について資金前渡（法232条の５第２項）を受けた秘書室長が直接の支出をしていた事案で、最判平成18年12月１日民集60巻10号3847頁は、資金前渡は権限の委任であり、この件での秘書室長が「当該職員」に含まれるとともに、市長の責任が生じるのはやはり故意・過失により秘書室長の違法行為を阻止しなかったときに限られるとしました。

⑵　**先行行為の違法**

㋐　**先行行為と財務会計行為の権限が同一機関に属する場合**

　住民訴訟は、財務会計行為の違法を対象として提起されます。しかし、ほとんどの政策実施には財政支出が伴います。となると、どこまで財務会計行為に先立つ**先行行為**（**原因行為**とも）の違法について争うことができるかが問題となります。最判昭和60年9月12日判時1171号62頁は、財務会計上の行為が違法となるのは、単にそれ自体が直接法令に違反する場合だけでなく、その原因となる行為が法令に違反して許されない場合も含むとして、市長が行った分限免職処分（先行行為）の違法を理由に、市長が行った退職金の支払い（財務会計行為）は違法であるとしました。先行行為と財務会計行為の権限が同一機関に属する場合には、住民訴訟によって先行行為の違法を追及することも可能となるわけです。こうして住民訴訟は、自治体の政策実施一般の適法性を問う手段として活用されてきました。愛媛玉串料訴訟（最大判平成9年4月2日民集51巻4号1673頁・百選A31）、白山比咩神社訴訟（最判平成22年7月22日判時2087号26頁）のような政教分離訴訟が代表的です（☞162頁）。

㋑　**先行行為と財務会計行為の権限の帰属が異なる場合——執行機関多元性**

　しかし、先行行為と財務会計行為の権限の帰属が異なるときには、また別の考慮を働かせなければなりません。有名な**一日校長事件**を例に説明しましょう。東京都の教育委員会は、退職勧奨に応じた教頭29名を1日だけ校長に任命して、名誉昇給制度に基づき昇給させた上で（昇格処分）、退職承認処分をしました。予算執行権限を有する都知事が、この29名に昇給後の退職手当を支払ったところ、住民から旧4号請求が提起されたという事案です。

　最判平成4年12月15日民集46巻9号2753頁・百選102は、職員の財務会計上の行為について損害賠償責任を問うことができるのは、「たといこれに先行する原因行為に違法事由が存する場合であっても、右原因行為を前提としてされた当該職員の行為自体が財務会計法規上の義務に違反する違法なものであるときに限られる」としました。つまり、昇格処分が違法であっても、これを前提としてされた退職手当の支出決定自体が財務会計法規上の義務に違反するもの

でなければ、請求は認められないということです。そして最高裁は、結論として退職手当の支出決定に違法はないとして、請求を棄却しました。「地方公共団体の長は、〔先行する〕右処分が著しく合理性を欠きそのためにこれに予算執行の適正確保の見地から看過し得ない瑕疵の存する場合でない限り、右処分を尊重しその内容に応じた財務会計上の措置を採るべき義務があり、これを拒むことは許されない」というのです。

　この結論には、違和感をもつ読者も多いことでしょう。たしかに、この事案に限っていえば、長は教育委員会の決定に対し、「このような退職金を増やすことを主目的とした昇格処分は認められない」として、毅然と退職金の支払いを拒絶すべきであったように感じられます。しかし注意しなければならないのは、一日校長事件では、先行行為が教育委員会、財務会計行為が長というように、権限が2つの機関に分属していた点です。権限を分属させた目的は、教育の政治的中立と教育行政の安定を図ることにあります（☞152頁）。もしも、長が「教育委員会の決定は違法があるから財務会計上の支出はできない」と拒絶するような運用が一般的になれば、長は教育委員会の人事の決定を実質的に覆すことが可能になってしまいます。だから長は、教育委員会が「この人は校長です」と提示してきた教職員のことは、「看過し得ない瑕疵」がない限り、校長として扱わなければならないというのが、最高裁の意図だと思われます。

㈦　**先行行為と財務会計行為の権限の帰属が異なる場合──議会の自律的行為**

　同じような問題は、議会の決定と長の支出決定の間でも生じます。議員野球大会事件を例に説明しましょう。これは、徳島県議会議長が議員に対して全国都道府県議会議長会などが主催する野球大会に参加するための旅行命令を発したことについて（随行する事務局職員に対しては事務局次長兼総務課長が代決で旅行命令を発しました）、旅行命令を発した者、野球大会に参加した議員、随行した職員に対する旅費分の旧4号請求が提起されたという事案です。最判平成15年1月17日民集57巻1号1頁・百選74は、「予算執行権を有する普通地方公共団体の長は、議会を指揮監督し、議会の自律的行為を是正する権限を有していないから」、議会の決定が著しく合理性を欠きそのために予算執行の適正確保の

見地から看過しえない瑕疵がある場合でない限り、議会の決定を尊重しなければならず、これを拒むことは許されないとしました。この判断にも、長が議会の決定に口を挟む契機となってはいけないという考慮が働いています。

(3)　住民訴訟債権の議会による放棄

　近年、住民訴訟の係属中に、自治体の議会が、法96条1項10号の規定に基づいて、4号請求の対象となった損害賠償・不当利得返還請求権を放棄する議決をするケースが相次ぎました。この議決を悪用すると、長と議会が意思を通じることで住民訴訟の制度趣旨が没却されてしまいかねないので、大きな論議をよんだところです。

　最判平成24年4月20日民集66巻6号2583頁・百選111は、住民訴訟の対象とされている損害賠償・不当利得返還請求権が認められる場合は様々であり、個々の事案ごとに、当該請求権の発生原因である財務会計行為等の性質、内容、原因、経緯および影響、当該議決の趣旨・経緯、当該請求権の放棄・行使の影響、住民訴訟の係属の有無・経緯、事後の状況その他の諸般の事情を総合考慮して、これを放棄することが普通地方公共団体の民主的かつ実効的な行政運営の確保を旨とする同法の趣旨等に照らして不合理であって上記の裁量権の範囲の逸脱またはその濫用に当たると認められるときは、その議決は違法となるとしました。

　つまり、住民訴訟債権の放棄について基本的には議会の裁量の問題であるとしながら、特に議決がなされるまでの経緯に着目して、その是非を判断するということです。事柄の性質上、一律に適法・違法を決めることは難しいので、このような歯切れの悪い判断枠組みもやむをえないのでしょう。しかし、住民訴訟の趣旨を没却するような債権放棄は許されないことは、心に留めなければなりません。

　こうした問題にかんがみ、平成29年の法改正により、長や職員等が自治体に対して負う損害賠償責任は、その職務を行うにつき善意・無重過失であるときは、条例によって賠償責任額を限定してそれ以上の額を免責する旨を定めるこ

とができることになりました。免責に関する参酌基準および責任の下限額は、国が政令で定めます（法243条の2の7第1項）。

　そして、住民監査請求があった後に、議会が当該請求に関する損害賠償請求権等の放棄に関する議決をしようとするときは、あらかじめ監査委員の意見を聴かなければならないことになりました（法242条10項）。独立した監査委員が権利放棄議決に関与することで、政治判断に全面的に委ねることなく、議決に至る議論の適正・公正さを担保し、議決の合理性を高める趣旨です。手続上は、まず、監査委員がいかなる趣旨で権利放棄議決に賛成するのか、その具体的な理由を示すことが運用の鍵になると思われます。次に、議会の議決については、①議案において財務会計上の違法行為に基づく損害賠償請求権の放棄であることが明確に示された上で、②損害賠償請求権の発生原因および賠償額等について的確かつ十分な情報提供がなされ、③損害賠償請求権を放棄することの是非について十分な審議が行われた上で、議決が行われなければならないでしょう。

　（→現代的課題96頁）

(4)　弁護士報酬の支払請求

　住民訴訟の原告が勝訴（一部勝訴を含む）した場合において、弁護士報酬を支払うべきときは、当該自治体に対して、相当と認められる額の支払いを請求することができます（法242条の2第12項）。「勝訴」については、請求の認諾も含まれるというのが、判例の立場です（最判平成10年6月16日判時1648号56頁）。「相当と認められる額」は、かつて日弁連会則に定められていた報酬基準などを参考に定めることになるでしょう（参照、最判平成21年4月23日民集63巻4号703頁・百選113）。

Chap. 14

公の施設の管理

1 自治体の財産管理

(1) 自治体と財産

　自治体は、行政目的を達成するために、公有財産、物品、債権、基金など、様々な財産をもっています（法237条1項）。これらは、条例または議会の議決による場合でなければ、①交換、②出資の目的とすること、③支払手段としての使用、④適正な対価なしの譲渡、⑤適正な対価なしの貸付をすることはできません（同条2項）。特定の者との癒着を防ぐためです。④については、議会の審議において、(i)当該譲渡が適正な対価によらないものであることが認識されること、(ii)あえてそのような低廉な対価で譲渡することが許容されること、の2点について了承が求められるというのが、判例の立場です（最判平成17年11月17日判時1917号25頁、最判平成30年11月6日判時2407号3頁・百選58）。

図10　財産の分類

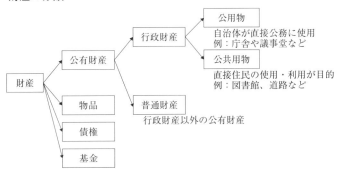

　（出典）　自治体法務検定委員会編『自治体法務検定公式テキスト　政策法務編　平成26年度検定対応』（2013年、第一法規）225頁を一部修正。

> **＊金銭債権の消滅時効と債権管理条例**
>
> 　「金銭の給付を目的とする普通地方公共団体の権利」は、時効の援用を要することなく、5年間で自動的に消滅します（法236条2項）。条文の文言上は、「金銭の給付を目的とする……」と定められているのみで、何ら限定は付されていません。ところが、判例は、どういうわけかこの規定が適用されるのは「公法上の債権」だけであり、「私法上の債権」には適用がないとしています。
>
> 　「公法上の債権」とは、市町村民税、固定資産税、国民健康保険料などのことです。これに対して、水道料金、公営住宅の家賃、学校の給食費、普通財産の売却代金債権などは、「私法上の債権」とされます。「私法上の債権」の消滅時効は、民法の原則通り、10年です（民法166条1項2号）。注意すべきなのは、民法の原則に従うので、債務者からの援用がなければ、債権は消滅しないことです（民法145条）。つまり、「私法上の債権」については、回収が事実上不可能となっても、債務者が援用しない限り（そして、それは通常ほとんど期待できません）、自治体は債権を財産として計上し続けざるを得ず、資産管理上、極めて不合理なことになるのです。議会の議決（法96条1項10号）が得られれば、こうした不良債権を放棄することができるのですが（☞144頁）、議員に納得してもらうには困難が伴います。
>
> 　兵庫県芦屋市が制定した債権管理条例は、債権の消滅時効が完成したにもかかわらず、債務者が援用しないときなど、一定の条件の下に、議会の議決なしで債権を消滅させることができる権限を包括的に長に授与しています。債権管理条例の発想は、任意代理的専決処分（☞157頁）に近いものがあります。
>
> 　いずれにせよ、最高裁が解釈を改めれば簡単に解決する問題なのですが、今のところその気配はありません。

(2)　公　有　財　産

　公有財産とは、財産のうち、不動産（その用益権を含む）、船舶、株式、社債などの財産のことです（法238条1項で列挙）。公有財産は、①行政目的に供される**行政財産**としての(i)公用物または(ii)公共用物と、②それ以外の**普通財産**とに分けられます（同条3項・4項）。

　行政財産は、例外的な場合を除いて、貸付・譲渡の対象とすることはできません（法238条の4第1項・第2項・第3項）。ただし、その用途・目的を妨げない限度で、使用を許可することは可能です（同条第7項）。もし、行政財産を売却する必要が生じたときは、用途廃止を行った上で普通財産に変更しておく必要

があります。

　これに対して、普通財産は、貸付・譲渡の対象とすることができます（法238条の5）。

(3)　行政財産の分類

㋐　公　用　物

　公用物とは、自治体が事務事業を執行するために直接保有している財産のことです。具体的には、市庁舎や研修施設などがあります。

㋑　公　共　用　物

　住民に直接関係があるのは、**公共用物**です。これは、住民の一般的共同利用に供することを目的とする財産であり、具体的には、道路、公園、体育館、公民館、市民プール、公立病院などがあります。

(4)　行政財産の目的外使用

㋐　目的外使用許可

　行政財産は、その用途・目的を妨げない限度において、その使用を許可することができます（法238条の4第7項）。これを**目的外使用許可**とよびます。公用物であれば、市役所の庁舎に食堂や売店を置いたり、会議室を市民のレクリエーション活動のために使わせたりすることなどが考えられるでしょう。公共用物であれば、道路を催し物のために使ってもらうことなどが考えられます。対価として**使用料**を徴収することも認められます（法225条、☞162頁）。行政財産の目的外使用許可は、公の施設の利用許可（☞182頁）によく似ています。ただし、公の施設については、公民館や体育館のように、もともと住民が利用するために開放された施設が想定されているのに対して、「行政財産の目的外使用許可」という場合には、市庁舎の一室（本来は職員がしごとの用途に使うべきもの）や学校の教室（本来は児童・生徒が勉強の用途に使うべきもの）について、たまたま空いているし、本来の用途を妨げないのでといった理由から、目的外だけれども使用することを認めるよ、というニュアンスが込められています。

(イ)　目的外使用許可の撤回と補償

　特に土地の目的外使用は、遊休資産の有効活用の視点から許されるのであり、本来の用途・目的が生じた場合には、取り止めてもらわなければなりません。それ以外にも、許可条件に違反したときには、管理者である長・委員会は、許可を取り消すことができます（法238条の4第9項）。後発的瑕疵に基づき効力を失わせることなので、行政法学でいう「**行政処分の撤回**」です。

　普通財産の貸付についても同様の規定があり（法238条の5第4項）、このとき借受人は、途中解約によって生じた損失の補償を求めることができます（同条第5項）。これに対して、行政財産の目的外使用の場合に損失補償を認めた規定はありません。目的外使用は、本来の用途・目的が生じた場合には、いつでも撤回されうることが前提だからです。でも、使用者にとってあまりに使用許可期間が短く、投下資本が回収できていないような場合には、憲法29条3項の直接適用により、損失補償を認めるべきでしょう（参照、最判昭和49年2月5日民集28巻1号1頁・行政百選I87）。

> **＊市営と畜場の廃止と損失補償**
> 　行政財産である市営と畜場の廃止に際し、市がその利用業者らに3億円余りの補助金を支払ったことについて、最判平成22年2月23日判時2076号40頁・百選53は損失補償を支払うべき局面ではないとしました。事実上、独占的に行政財産を使用してきたからといって、利用業者が行政財産の廃止により特別の犠牲を払ったとはいえないと思います。

(ウ)　道路について

　道路の場合、その本来の用途は人や物が通行することであり、この本来の用途・目的に沿う限り、許可は不要です（自由使用）。しかし、水道管を埋設する場合には道路管理者の占用許可を取得しなければいけませんし（道路法32条1項2号）、祭礼やデモ行進を行うには警察署長の許可をもらう必要があります（道交法77条1項3号、☞128頁）。こうした利用関係の規律は、個別法で規定されています。

2　公共事業の実施①──自治体と契約

⑴　契約が活用される局面

　自治体が**契約**を結ぶのは、地方公営企業（☞80頁）や公害防止協定（☞98頁）のような場合を除くと、市役所や町役場で使う備品を発注するような場合と、公共事業を実施する場合に分けられます。前者は民法の売買契約（自治体は買主となる）で、後者は請負契約（自治体は注文者となる）です。この他に、公有地を売却する場合などは、自治体は売買契約の売主となります。

　近年では、「競争の導入による公共サービスの改革に関する法律」（平成18年法律第51号）に基づく事務の委託先との間の契約や指定管理者との間の契約（☞186頁）も、請負契約として実施されています。

　契約相手の選定には公平性・公正性が求められ、発注価格には**最少経費最大効果原則**が適用されるなど（法2条14項）、契約自由の原則（民法521条）が修正されます（➡現代的課題403頁）。選定方法には、一般競争入札、指名競争入札、随意契約またはせり売りがあり、原則として一般競争入札の方法を採用するものとされています（法234条1項・2項）。不公正な入札は住民訴訟の対象となりますし、長や議員が彼らと癒着した企業に公共工事を発注するように口利きをする条件で金品を授受したりすれば、収賄罪で処罰されます（刑法197条）。職員が入札談合に関与すれば、官製談合防止法（平成14年法律第101号）により損害賠償を請求され（同法4条）、懲戒事由となります（同法5条参照）。

⑵　一般競争入札の原則

　具体的に考えてみましょう。X市では、老朽化した市庁舎の耐震改修工事を実施することになりました。この場合、X市が適切な建設業者と請負契約を締結して、対価と引換えに耐震改修工事を行ってもらうわけです。しかし、支払うべき対価の原資は、市民から集めた税金です。同じ性能の工事を行うのであれば、可能な限り安価で済ませられる業者を選ばなければなりません。

　名乗りをあげたのは、300万円で工事が可能だとするA社、500万円かかると

するB社、700万円かかるとするC社、1,000万円は必要になるとするD社でした。この4社が、入札という方法で、自分ならばいくらで工事が可能であるかを提示します。**一般競争入札**とは、特に入札する業者に制限をかけず、最も安価な価格を提示した業者を選定する方法のことです（市が土地を売却する場合ならば、最も高値をつけた会社を選定する）。この事案では、A社が落札して、工事を請け負うことになります。

＊最低落札価格

　しかし、相場からいって、300万円ではあまりに安すぎる場合があります。必要な最低水準を保つために、通常は、下限としての**最低落札価格**が設定されます。この工事をするのに最低でも400万円はかかると考えられたならば、A社は外され、B社が落札することになります。これに対して、上限として設定されるのが**予定価格**です。

⑶　指名競争入札

　ところが、B社はB社で、よその町でB社の手がけた工事に手抜きが見つかりました。みなさんならば、B社が十分に反省して信頼を回復するまでは、公共工事からはお引き取り願いたいことでしょう。これが**指名競争入札**であり、過去に問題を起こした業者などの入札を制限して、信頼できる業者のみを指名して入札に参加させるしくみです。

　しかし、指名競争入札には、いかなる基準で入札できる業者を指名するかという大きな問題があります。X市が恣意的な基準を制定すれば、低価格で質の

図11　誰を選ぶ？

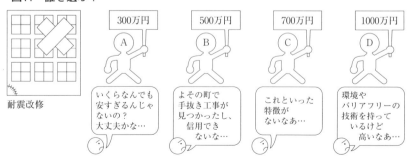

高い工事を提供する優良な業者が締め出されてしまいます。そこで、指名競争入札は、一般競争入札が不適切なときなどに限って認められています（法施行令167条参照）。

　最判平成18年10月26日判時1953号122頁・百選57は、徳島県旧木屋平村（こやだいらそん）（現在の美馬市）が、村内業者では対応できない工事を除いて、村内業者のみを指名する運用をしていた事案です。最高裁は、指名競争入札に当たり、「①工事現場等への距離が近く現場に関する知識等を有していることから契約の確実な履行が期待できることや、②地元の経済の活性化にも寄与することなどを考慮し、地元企業を優先する指名を行うことについては、その合理性を肯定することができるものの、①又は②の観点からは村内業者と同様の条件を満たす村外業者もあり得るのであり、価格の有利性確保（競争性の低下防止）の観点を考慮すれば」、このような運用について、「常に合理性があり裁量権の範囲内であるということはできない」としました。

⑷　随　意　契　約

　随意契約とは、最初からX市が意中のD社を選定して、契約を結んで工事を行ってもらう方法です。これまでの説明から、随意契約が不正の温床になりやすいことは理解できるでしょう。他の業者ならばもっと安く工事ができるのに、わざわざ高価な業者に発注するのには、なにか裏があるのが普通です。

　法施行令167条の2は、「その性質又は目的が競争入札に適しないものをするとき」（同条第1項2号）のように、随意契約が認められる局面を限定列挙しています。これには、世界中でD社のみが可能な特殊技術を有しており、その技術を生かしたい場合などが該当します（参照、最判昭和62年3月20日民集41巻2号189頁・百選56）。

　近年では、価格以外の指標を考慮することのできる**総合評価方式**や**プロポーザル方式**も活用されています。たとえば、D社の提示する価格は高額であるけれども、環境やバリアフリーに配慮した工事を実施する用意があり、多少の価格差を補って余りある魅力が備わっているようなときです。両者はよく似てい

ますが、価格点と技術点の合計点によって落札者を決める競争入札の一方式のことを総合評価とよび、もっぱら技術提案によって評価を行った上で最高得点者と随意契約を結ぶ方式のことをプロポーザルとよびます。総合評価やプロポーザルでは、受注を目指す業者に対して、具体的にいかなる工事を実施しようとしているのか提示させて、市はこれを総合的に評価して、契約相手を選定します。そして、選定された業者と契約を締結して発注することになります。

ただし、総合評価やプロポーザルにも、問題がないわけではありません。一般競争入札が価格という極めて明確な指標を用いるのに対して、様々な事情を総合勘案するので、どうしても基準が不透明になることです。一般競争入札、指名競争入札、随意契約の長所と短所を見極めて、最適な選定手法を用いるべきでしょう。

（➡現代的課題460頁）

❸　公共事業の実施②──土地取得のしくみ

⑴　土 地 収 用

続いては、公共事業のために必要な土地の所有権を取得するしくみをみていきましょう。公共事業のために必要となる財産の利用権を強制的に起業者に移転することを、**強制収用**とよびます。土地に関する強制収用と損失補償の手続について定めた法律が、**土地収用法**です。

まず、土地収用法が適用されるには、当該事業が収用適格事業でなければなりません。同法３条は、道路、河川施設、鉄道、港湾、電気通信設備、ガス工作物、上下水道の施設、学校、図書館、公立病院、廃棄物処理場、公園など、様々な公共事業を列挙しています。これらの公共事業を行う起業者（同法８条１項）は、国土交通大臣または都道府県知事に申請して**事業認定**（同法16条）を受けることで、事業の遂行にとって必要な土地の所有権や賃借権などの利用権を収用・使用することができるようになります（同法５条など）。市町村が行う公共事業ならば、市町村が起業者です。

ただし、個別の土地を収用するためには、これとは別に、**収用裁決**が必要で

す。収用裁決は、権利取得裁決（同法48条）と明渡裁決（同法49条）からなります。起業者は、事業認定の告示があった日から１年以内に、都道府県の収用委員会に収用の裁決を申請することになります（同法39条）。

(2)　損 失 補 償

　損失補償とは、国・自治体が、適法な公権力の行使により、財産権が侵害され、特別の犠牲が生じた者の損失について、公平の見地から、全体の負担において補償することです（憲法29条３項）。土地の強制収用により土地所有者が受ける損失は、起業者が補償しなければなりません（土地収用法68条）。

　損失補償については、(a)生じた損失を市場価格により算定して完全に補うことのできる補償額が必要であるとする完全補償説と、(b)合理的な理由があれば、市場価格を下回る社会通念上相当な補償額でもよいとする相当補償説が対立しています。土地収用法については、最判昭和48年10月18日民集27巻９号1210頁・行政百選Ⅱ245が、(a)完全補償説を採用しています。

　土地収用法は、権利対価補償だけではなく、みぞかき補償（同法75条）や移転料補償（同法77条）を始め、土地収用によって土地所有者が通常受ける損失について、補償するように定めています。

> **＊損失補償と損失補償契約**
> 　損失補償（憲法29条３項）は、損失補償契約（☞83頁）とは全く別の概念ですので、注意してください。

(3)　任 意 買 収

　以上、土地収用のしくみを説明しましたが、実際には、強制収用まで至る前に、起業者と土地所有者との間で売買契約が成立することがほとんどです。これを**任意買収**とよびます。むしろ、任意買収が調わなかったときの最後の手段が強制収用であると理解するのが実態に即しています。実務上、任意買収は、昭和37年に閣議決定された「公共用地の取得に伴う損失補償基準要綱」に従っ

て行われています。

4 公の施設の利用権

(1) 公の施設

公の施設というのは、住民の福祉を増進する目的をもってその利用に供するための施設のことで（法244条1項）、行政財産のうち公共用物と大きく重なり合います。何も難しく考える必要はなく、公民館、公園、図書館、体育館、市民プールなど、広く住民に開放されている施設のことです。

公の施設を設置、管理、廃止する権限は、自治体の長に帰属します（法149条7号）。さらに、一定の例外を除いて、公の施設の設置・管理に関する事項は、設置管理条例で定める必要があります（法244条の2第1項）。

自治体は、正当な理由がない限り、住民が公の施設を利用することを拒んではなりません（法244条2項）。住民が公の施設を利用することについて、不当な差別的取扱いをすることは禁じられます（同条3項）。歴史的にみると、不当な差別は、公の施設の利用をめぐって繰り広げられてきました（憲法14条1項）。ただし、公の施設の容量の問題もありますので、住民が利用しようとする際に、設置管理条例に基づいて使用許可を受けなければならない場合はあります。

＊命名権（ネーミングライツ）
　スポーツ施設や市民会館を中心に、公の施設の命名権を売却して、その維持・管理費に充てることが幅広く行われています。

---

(2) 具体例①——市民会館の使用

公の施設の使用許可をめぐるリーディングケースが、泉佐野市民会館事件です。Xらは、昭和59年6月、関西新空港反対全国総決起集会を開催するために、泉佐野市民会館ホールの使用許可を申請しました。ところが、泉佐野市長からは、同市民会館設置管理条例7条の定める不許可事由「公の秩序をみだすおそれがある場合」などに該当するとして、不許可処分がなされました。

　最判平成7年3月7日民集49巻3号687頁は、「公の秩序をみだすおそれがあ
る場合」とは、「本件会館で集会が開かれることによって、人の生命、身体又
は財産が侵害され、公共の安全が損なわれる危険を回避し、防止することの必
要性が優越する場合をいうものと限定して解するべきであり、その危険性の程
度としては、……単に危険な事態を生ずる蓋然性があるというだけでは足りず、
明らかな差し迫った危険の発生が具体的に予見されることが必要である」と、
極めて限定的に解釈しました。不許可処分は集会・結社・表現の自由（憲法21
条1項）の制約になるので、制約を正当化するにはよほどの事由が求められる
ということです（明白かつ現在の危険の基準）。なお結論的には、Xら中核派はそ
れまで空港反対の違法な実力行使を繰り返し、対立集団と暴力抗争を続けてき
たという客観的事実を認定し、付近住民等に明らかな差し迫った危険の生じる
ことが具体的に予見されるとして、不許可処分に違法はないと判断されました。
　他方、労働組合が、内ゲバで殺害されたとみられる幹部の合同葬を行うため
に上尾市福祉会館の使用許可を申請したところ不許可とされた事案において、
最判平成8年3月15日民集50巻3号549頁・百選61は、敵対的集団の妨害によ
る混乱を理由に公の施設の利用を拒むことができるのは、「警察の警備等によ
ってもなお混乱を防止することができないなど特別な事情がある場合に限られ
る」として、同会館設置管理条例6条1項の不許可事由「会館の管理上支障が
ある」との事態が生ずることが客観的な事実に照らして具体的に明らかに予測
されるとはいえないという理由で、不許可処分を違法であるとしています。

＊行政財産の目的外使用との関係
　最判平成18年2月7日民集60巻2号401頁・百選64は、広島県教職員組合が呉市立
中学校での教育研究集会の使用を申し入れたところ、市教育委員会から不許可とされ
た事案です。最高裁は、この件を**行政財産の目的外使用**（法238条の4第7項）の枠
組みで判断しました。つまり、施設の本来の目的に沿う使用申請であった泉佐野市民
会館や上尾市福祉会館の事例が公の施設（法244条）の枠組みで判断されたのに対し
て、行政財産の目的外使用になると、管理者が不許可処分を下すことについて、裁量
が比較的幅広く認められます（結論としては、それでも裁量の逸脱・濫用があるとし

て、市教委の不許可処分を違法としました）。

(3)　具体例②──水道の利用

　旅行に行ったとき、町営温泉で町民と旅行者らとの間に利用料に差額を設けているのを見かけたことはありませんか。町民の税金で建てた温泉なので、これは当たり前のことです。しかし、町民の間では、料金に差額を設けるなど、不当な差別的取扱いをすることは禁じられます（法244条3項）。これは、平等原則（憲法14条1項）を具体化した規定です。

　それでは、住民登録をして住民税を支払っている住民と、夏の間の1〜2か月しか住んでいない別荘居住者（もちろん、彼らの住民登録は東京などでなされており、住民税もそちらに支払われています）との間で料金に差を設けることは許されるでしょうか。この施策を実行したのが、山梨県旧高根町（現在の北杜市）です。同町は、簡易水道事業条例を制定して、別荘居住者と一般住民との間で、水道の基本料金に最大3.57倍の差を設けました。別荘の区域に水道を引いて維持・管理するためには相応の費用がかかるので、別荘居住者にもそれなりの水道料金を負担してもらおうという趣旨からです。

　最判平成18年7月14日民集60巻6号2369頁・百選17は、別荘居住者という「住民」そのものではないけれども「住民に準ずる地位にある者」についても、地方自治法244条3項の規律は及び、「当該公の施設の性質やこれらの者と当該普通地方公共団体との結び付きの程度等に照らし合理的な理由なく差別的取扱いをすること」は禁じられるとして、条例の定めを違法と判断しました。ただし、別荘居住者の基本料金を一般住民よりも高額に設定すること自体は、裁量の問題として許容されるとしています。様々な事情を考慮しても、最大3.57倍の格差は不合理にすぎたということでしょう。

⑤　公の施設の設置・管理責任

　公の施設の設置・管理の瑕疵が原因で住民が怪我をしたようなときには、自治体は損害賠償を支払わなければなりません。国家賠償法2条1項は、「道路、

河川その他の公の営造物の設置又は管理に瑕疵があつたために他人に損害を生じたときは、国又は公共団体は、これを賠償する責に任ずる」と定めています。

　設置・管理の瑕疵は、公の施設が「**通常有すべき安全性**」を欠いていたか否かによって判断されます。道路（市道・県道）の陥没が放置されていたために自動車事故が起きた場合とか、公園遊具が老朽化していて子どもが怪我をした場合、50年に1度の水害にも耐えられるはずの改修済み堤防が10年に1度の水害で決壊した場合には、「通常有すべき安全性」を備えていたとはいえないでしょう。

　道路が通行可能な状態に置かれている限り、落石であれ土砂崩れであれ、道路で起きた事故について、行政は管理者として責任を負います（最判昭和45年8月20日民集24巻9号1268頁・行政百選Ⅱ230）。速やかに復旧工事を実施することができればよいのですが、安全が確証できない場合には、通行止めにする以外にありません。（➡現代的課題495頁）

> **＊本来の用法に属しない異常な行動**
> 　とはいえ、被害者の**本来の用法に属しない異常な行動**によって事故が生じたような場合には、設置・管理の瑕疵は否定されます。神戸市の設置した道路の防護柵に後ろ向きで腰かけて遊んでいた子ども（X）が転落して怪我をした事案について、最判昭和53年7月4日民集32巻5号809頁は、「本件防護柵は、本件道路を通行する人や車が誤つて転落するのを防止するために被上告人〔神戸市〕によつて設置されたものであり、その材質、高さその他その構造に徴し、通行時における転落防止の目的からみればその安全性に欠けるところがないものというべく、上告人〔X〕の転落事故は、同人が当時危険性の判断能力に乏しい六歳の幼児であつたとしても、本件道路及び防護柵の設置管理者である被上告人において通常予測することのできない行動に起因するものであつた」として、国賠責任を否定しています。

6　指定管理者と PFI

(1)　指定管理者と PFI

　自治体は、公の施設の維持管理に費やされるコストの削減（経済性）や、幅広く民間事業者のノウハウを活用する（専門性）という目的から、公の施設の

管理を、条例の定めるところにより、「法人その他の団体であつて当該普通地方公共団体が指定するもの」（指定管理者）に外部委託することができます（法244条の2第3項）。**指定管理者**のしくみは平成15年の地方自治法改正で設けられたもので、それまでの管理委託制度とは異なり、営利を目的とする株式会社も指定を受けられるようになりました。

指定管理者の指定の手続、管理の基準、業務の範囲などは、条例で定める必要があります（同条第4項）。指定管理者は、競争入札などを通じて選定され、議会の議決を経て指定されます（同条第6項）。具体的な維持・管理の内容は、条例に基づき自治体と指定管理者との間で締結される契約（協定）で個別的に定められます。指定管理者が公の施設の利用料金を自身の収入として収受することも（同条第8項）、その利用料金を指定管理者が定めることも認められています（同条第9項）。

指定管理者は、公の施設の使用許可を行うことができます（法244条の4第1項参照）。株式会社に、使用許可という処分（行政手続法2条2号、行政事件訴訟法3条2項）を発付する権限が認められたわけです。平成25年4月、佐賀県武雄市でTSUTAYAを経営するカルチュア・コンビニエンス・クラブが市立図書館の指定管理者となったことは、大きな話題をよびました。

PFI（Private Finance Initiative）は、「民間資金等の活用による公共施設等の整備等の促進に関する法律」（平成11年法律第117号）で導入されたしくみです。指定管理者がすでに存在する施設の維持・管理を民間事業者に委ねるしくみであるのに対して、PFIでは、施設の建設から維持・管理まで一貫して民間事業者に委ねられ、数十年単位で数億〜数十億のプロジェクトとなることがあります。国の施設ですが、平成19年4月には、山口県美祢市に官民協働の刑務所として美祢社会復帰促進センターが設立されました。その受刑者の内訳は男性500人、女性800人であり、女性収容者の数はわが国で最大となるなど、大きく活用されています。香川県まんのう町が、老朽化した町立満濃中学校の校舎を改築するとともに、町立体育館（この体育館は、中学校が体育の授業や部活動でも利用します）、町立図書館の整備・運用を一体としてPFI事業で行ったことは、

注目されました。静岡市清水文化会館マリナートは、PFI 事業で建設した施設の維持・管理、運営を指定管理者に任せるとともに、利用料金を指定管理者自身の収入とすることを認めるなど、設計、建設から維持・管理、運営に至るまで民間のノウハウを導入することで、施設単体のみならず、その近隣も含めたにぎわい拠点の創出に成功しています。

(2)　行政になお残る責任――保障責任

　民間委託はますます推進されていますが、行政の責任が消えてしまうわけではありません。民間事業者に事務の遂行を委ねた後も、行政にはその事業者が的確に事務を遂行しているかについて、きちんと監視・監督を及ぼす責任が残されており、民間委託がなされた後の制度設計こそが重要なのです。これを**行政の保障責任**とよびます。

　指定管理者の場合ならば、民間事業者が適切に維持・管理を行っているか否かは、自治体に対する定期的な報告義務（法244条の 2 第 7 項）によって確保されます。長・委員会は、管理の適正を期するため、指定管理者に対して業務・経理の状況に関し報告を求め、実地調査や、必要な指示をすることができます（同条第10項）。指定管理者が指示に従わないときには、指定の取消しを含めた制裁措置を採ることになります（同条第11項）。

　民間委託が行われた後に、行政の損害賠償や刑事責任が認められることもあります。指定管理者の事案ではないのですが、最判平成19年 1 月25日民集61巻 1 号 1 頁・百選70は、県から社会福祉法人に児童の監護・養育事務が委託されていたケースで（児童福祉法27条 1 項 3 号）、その児童が他の児童に怪我を負わせたことについて、県の国賠責任が認められています。ふじみ野市プール事故事件（さいたま地判平成20年 5 月27日・百選71）では、プールの維持管理が民間事業者に委託されており、市が直接には維持管理を行っていなかったにもかかわらず、民間事業者に対する適切な指示監督を怠ったことで事故を発生させたとして、担当部局の課長・係長個人が業務上過失致死罪で有罪となりました。民間委託をしたからといって、民間事業者に丸投げすることは許されないのです。

⑶　今後の課題

　自治体には、民間委託を実施した後に、いかにして民間事業者による的確な事務遂行を確保するかという、指示・監督のシステムの構築が求められています。特に重要な意味をもつのが、自治体と民間事業者が締結する個別の**委託契約**（協定）です。

　具体的には、①事務遂行のマニュアル（事例ごとの詳細なＱ＆Ａ集）、②守秘義務等の遵守事項、③モニタリング条項（途中経過の報告）、④意見交換（途中で民間事業者側に不明な点が生じた場合の問合せの仕方、行政が途中で民間事業者に修正を求める場合の手順）、⑤損害賠償の分担、⑥解約・違約金、⑦委託終了後のノウハウの引継ぎなどについて、きめ細かく規定することが求められます。

　民間委託は試行錯誤の部分が大きく、他の自治体と意見交換をしながら進めていくことが有益です。この点、東京都足立区が中心となって設立された日本公共サービス研究会では、全国150以上の自治体が集まって、民間委託の実践的な知見を蓄積しています。このような意欲的な提案が地方から発信されることこそ、「地方自治の本旨」の実現といえるでしょう。

　（→現代的課題436頁）

Chap. 15

自治体職員が守るべき約束事
地方公務員法

1 自治体職員の採用

(1) 一般職と特別職

　公務員のうち、国に雇用される者を国家公務員、自治体に雇用される者を地方公務員とよびます。**地方公務員法**（以下、「地公法」ということがあります）3条1項は、地方公務員を、①長、議会の議員、議会での同意・選挙等によって選出される役職員、地方公営企業の管理者、非常勤の顧問・参与・委員・消防団員などの**特別職**と、②それ以外の職である**一般職**とに分けています。この本の読者である自治体職員のみなさんは、一般職の地方公務員です（以下、自治体職員について、単に「職員」とすることがあります）。学校の先生や警察官も含めると、地方公務員の数は、全国で約280万人に上ります。

＊自治体の臨時・非常勤の職員

　令和2年4月1日現在、自治体で会計年度任用職員、臨時的任用職員、特別職非常勤職員として勤務している者は、約69.4万人に上ります。その多くは一般事務、保育士、給食調理員、教員・講師が占めており、また女性の割合が非常に高いのも特徴です。これは、非正規雇用が増えているわが国の労働市場の縮図でもあります。

＊会計年度任用職員

　一般職の非常勤職員と臨時職員の増加に対応して、平成29年の地方公務員法改正により、会計年度任用職員の制度が導入されました。これは、一会計年度を超えない範囲内で置かれる非常勤の職とされ、①パートタイムで勤務する類型（地公法22条の2第1項1号）と②フルタイムで勤務する類型（同項2号）とに分かれます。有期雇用であり、1回の任期が毎会計年度を超えることはありませんが、任期の更新が認められます（同条4項）。

　会計年度任用職員制度の創設に伴い、臨時的任用は、常時勤務を要する職に欠員を生じた場合に限られることになりました（地公法22条の3第1項）。また、特別職非

189

常勤職員も、専門的な知識経験を有する者が就く職へと厳格化されました（同法3条3項3号）。

⑵　能　力　主　義

　職員の採用は、もっぱら能力の実証による**能力主義（成績主義、メリット・システム）**に基づく公正な競争試験または選考によって行われ（地公法15条・18条）、試験の結果、採用候補者名簿に記載された候補者の中から、**人事委員会**（または競争試験等を行う**公平委員会**）が採用を行います（☞153頁）。能力主義のメリットは、①職務の継続性が確保され、職員の専門的知識の養成に適していることや、②政治から一定程度独立した職務遂行が行われる点にあります。デメリットは、③業界などとの癒着が生じやすいことと、④職員の高い身分保障ともあいまって、職員の質が玉石混淆なことです。

＊能力主義と猟官主義
　能力主義とは別に、**猟官主義（スポイルズ・システム）**という考え方もあります。これは、政権を獲得した政党が、選挙協力の見返りに支持者を公務員のポストに任命する方法のことで、アメリカ連邦政府が採用していることで有名です。猟官主義では、①公務員が定期的に入れ替わるため、業界など特定利害との癒着が生じにくい、②職務遂行の能力・意欲に乏しい職員が居座るのを防止できるといったメリットがある一方で、③短期間で職員が交代するため、専門的知識が涵養されにくい、④目に見える実績の追求に走ったり、政治家に取り入る猟官運動が盛んになるといったデメリットがあります。

＊選考採用
　選考採用は、特定の候補者を面接、書類、それまでの勤務実績などを考慮して採用する方式です。一般職の正規職員の場合、原則として、不特定多数の応募者を競争試験によって選抜する採用方法が行われており、選考採用が認められる局面はごく例外的であるのに対して、会計年度任用職員については、選考採用によることが正面から予定されています。

⑶　条件付採用と欠格事由

　正規職員の採用は、すべて6か月の**条件付採用**であり、この期間を良好な成

績で勤務したときに、晴れて正式採用となります（地公法22条）。会計年度任用
職員の場合、条件付採用期間は 1 か月となります（同法22条の 2 第 7 項）。条件
付採用期間があるのは、正式採用について身分が保障されていることの裏返し
ともいえます。

　なお、一定の**欠格事由**に該当する者は、職員になることができません（地公
法16条）。①拘禁刑以上の刑に処せられ、その執行を終わるまでの者、②当該
自治体において懲戒免職の処分を受け、当該処分の日から 2 年を経過しない者
などです。

　外国人は管理職になることはできないという取扱いをすることも、憲法に違
反しないというのが、判例の立場です（最大判平成17年 1 月26日民集59巻 1 号128
頁・百選85）。管理職とは、住民の権利義務を直接形成するなど「公権力の行
使」に当たる行為や、自治体の重要な施策に関する決定を行うことを職務とす
る者のことです。外国人の公務就任権については、外国人の地方参政権と同様
に考えるべきでしょう（☞44頁）。

(4)　勤務関係の変動

　職員の勤務関係は、昇任、降任、転任によって変動します（地公法17条）。**昇
任**とは、職員を現在よりも上位の職に任命することであり、現在の職よりも下
位の職に任命するのが、**降任**です。現在とは別の職に任命することを、**転任**と
よびます。

(5)　勤 務 条 件

　職員の給与、勤務時間その他の勤務条件は、条例で定められます（地公法24
条 5 項）。任命権者は、採用時に、職員に対し勤務条件を明示する義務があり
ます（労働基準法15条 1 項）。会計年度任用職員の場合には特にその任期を明示
することが求められます（地公法22条の 2 第 3 項）。

⑹ 給　　　与

　給料、手当（扶養手当、住居手当、通勤手当、時間外勤務手当、期末手当、退職手当など）、旅費の額（支給方法も含む）は条例で定める必要があり（法204条3項）、給与その他の給付は、法律・条例に基づかずに職員に支給してはなりません（法204条の2、地公法25条1項）。これを**給与条例主義**とよびます。会計年度任用職員のうち、②フルタイムの職員には、条例の定めにしたがい、期末手当、勤勉手当や退職手当を含めて、常勤の職員と同じ内容の手当が支払われます（法204条2項・3項）。これに対して、①パートタイムの職員には、条例の定めによって期末手当を支給することができるにとどまり（法203条の2第4項・5項）、通勤費用は費用弁償のかたちで支払われることになります（同条3項・5項）。令和5年の法改正で、②についても勤勉手当を支給できるようになりました。

　＊昼窓手当（ひるまど）

　給与条例主義は、清掃等作業手当や夜間看護手当などの特殊勤務手当についても及びます。最判平成7年4月17日民集49巻4号1119頁・百選88は、昼休み窓口業務に従事した職員に対して条例の根拠なく「昼窓手当」（ひるまど）を支給していた運用は違法であるとしたものです。念のためにいえば、条例で規定するのを怠っていた点が違法なのであり、条例で定めを置けば、このような特殊勤務手当の支給に問題はありません。

　＊非常勤職員に対する期末手当の支払い

　大阪府茨木市は、常勤職員に対して期末手当を支給する旨の定めのある条例しか存在していなかったにもかかわらず、非常勤職員に対して期末手当を支給していました。最判平成22年9月10日民集64巻6号1515頁・百選89は、非常勤職員であっても職務内容の性質からみて常勤職員に準ずるものとして評価できるような場合には、期末手当を支給しても給与条例主義には反しないとみる余地があるという一般論を定立した上で、この事案では、週3日という勤務形態であったことを考えると、常勤職員に準ずるものとして常勤と評価できる程度のものであったとはいえず、期末手当の支給は違法であるとしました。なお、臨時職員についても、条例の定めさえ置かれていれば、手当の支給は認められるというのが、最高裁の立場です。

　＊鳴門市競艇従事員共済会補助金支出事件

　徳島県鳴門市は、公営競技（☞82頁）として競艇事業を実施してきたところ、日々雇用される臨時従事員の離職せん別金（離職せん別金は、市から直接ではなく、臨時従事員で組織される共済会から支払われます）に充てるため、共済会に対する補助金

の交付（法232条の 2、☞105頁）が行われていました。つまり、実質的にみると、市が共済会を経由して臨時従事員に退職手当を支給するために、補助金を交付していたというわけです。しかしながら、臨時従事員に対して退職手当を支給する旨を定めた条例はありませんでした。最判平成28年 7 月15日判時2316号53頁・百選 A29は、「臨時従事員は、採用通知書により指定された個々の就業日ごとに日々雇用されてその身分を有する者にすぎず、給与条例の定める退職手当の支給要件……を満たすものであったということもできない」から、臨時従事員の就労実態のいかんを問わず、給与条例主義に反する違法な補助金の交付であったとしました。給与や諸手当の支出が財政負担を伴うものである以上、議会のコントロール下に置くことは当然であり、給与条例主義を厳格に適用したことは妥当と思われます。（➡現代的課題188頁）

② 勤務関係の消滅

(1) 勤務関係の消滅——離職

　職員の勤務関係は、**離職**によって消滅します。欠格事由に該当するに至った場合の失職、定年（地公法28条の 6 ）や任期満了を迎えた場合の当然退職のほか、自己の意思で勤務関係を消滅させる**依願退職**と、自己の意思にかかわらず勤務関係が消滅する**免職**があります。

(2) 依 願 退 職

　退職願による離職を、**依願退職**とよびます。依願退職の場合でも、任命権者による承認（免職という行政処分）は必要です。①自治体職員の勤務関係は行政処分によって成立・消滅すること、②退職の申出だけで離職を認めると公務の遂行に支障をきたすことが理由です。なお、最判昭和34年 6 月26日民集13巻 6 号846頁・行政百選 I 124は、免職処分がなされるまでは、退職願を撤回することは、信義に反するような特段の事情がない限り、原則として自由であるとしています。信義に反する特段の事情とは、まだ免職処分はなされていないものの、すでに退職を見込んで後任の内示も出ているような場合です。

⑶　免　　職

　免職には、**分限免職**と**懲戒免職**があります（地公法28条・29条）。ここで合わせて、**分限処分**と**懲戒処分**についても説明します。

㈦　分 限 処 分

　分限処分とは、職員が一定の事由により職務を十分に遂行することが期待できない場合や、廃職・過員が生じた場合に、その意に反して一方的に行われるものです。分限処分に制裁的意味合いはありません。分限免職は、たとえば、横浜市が地方自治法の知識に基づく助言を期待して私を任用したのに、私が頭を打って地方自治法の知識をすべて忘れてしまったような場合に行われます。分限処分には、**降任**、**免職**、**休職**、**降給**の４つがあります（地公法27条・28条）。

㈦　懲 戒 処 分

　懲戒処分とは、職員が非違行為をした場合に、その意に反して一方的に行われるものであり、制裁的な意味合いをもちます。懲戒処分は、法令等の規律に違反した場合、職務上の義務に違反しまたは職務を怠った場合、全体の奉仕者たるにふさわしくない非行があった場合に下され、**戒告**、**減給**、**停職**、**免職**の４つがあります（地公法29条１項）。戒告とは、職員の規律違反を確認し、その将来を戒める処分です。減給、停職、免職は、字義通りの意味です。

　分限処分や懲戒処分をするかどうかは、任命権者の裁量に委ねられています。つまり、処分該当事由があっても必ず処分をしなければならないわけではなく、特に懲戒処分のときは、情状が考慮されます。また、処分は公正に行われなければならず（地公法27条１項）、犯した規律違反に比して処分の内容が重すぎる（**比例原則**違反）など、裁量の逸脱・濫用がある場合には、処分は裁判所によって取り消されます（行政事件訴訟法30条）。

＊裁量審査と判断代置
　神戸税関事件において最判昭和52年12月20日民集31巻７号1101頁・行政百選Ⅰ77は、裁判所が懲戒処分の是非を判断する際には、**判断代置**ではなく、**裁量審査**の方法を採ることを明らかにしました。これは、裁判所が行政活動の是非に対してどこまで踏み

込んだ判断を行うかという問題です。たとえば、職員Xに対して、任命権者が停職6か月の懲戒処分を下したとしましょう。Xから処分の取消訴訟が提起され、裁判所は審理の結果、「自分ならば停職3か月の処分を下すけれども、任命権者の立場に立ってみると、停職6か月という判断も許容範囲内である」と考えたとします。このとき、判断代置の手法を採ると、任命権者（行政）の判断を裁判所自身の判断に置き換えて（代置して）、停職6か月は重すぎるとして、処分を取り消すことになります。それに対して、裁量審査の手法では、社会観念上、6か月の停職処分も許容範囲内であるので、処分は取り消さないという結論になります。最高裁が裁量審査の方法を採ったのは、任命権者の判断を尊重したためです。最判令和5年6月27日判タ1513号65頁は、条例に基づく退職金全部支給制限処分について、裁量審査の手法をとることを確認しています。

＊訓告、けん責、厳重注意

　新聞やテレビで、不祥事を起こした職員を訓告、けん責、厳重注意に処したといったニュースを耳にします。これらに法律の根拠はなく、懲戒処分ではありません。懲戒処分ではないので、職員に法的な不利益を課すことはできず、給与の算定にも影響しません。そもそも、法律の留保（侵害留保）の原則からは、私人に法的不利益を課すためには法律の根拠が必要ですので、法律に根拠のない訓告、けん責、厳重注意によって職員に法的不利益を課すことは許されません。

❸　自治体職員の義務

⑴　服務の根本基準と宣誓義務

　地公法30条は、憲法15条を承けて、「すべて職員は、全体の奉仕者として公共の利益のために勤務し、且つ、職務の遂行に当つては、全力を挙げてこれに専念しなければならない」と定めています。地公法は、この**服務の根本基準**とともに、様々な義務を職員に課しており、職員がこれらの義務に違反した場合には、懲戒処分の対象になります。会計年度任用職員についても、服務の根本基準とそれに伴う様々な義務が課せられます。

　まず、職員として採用されたとき最初に行うのが、**服務の宣誓**です（地公法31条）。これは、職員となった人たちに、公務員は住民全体の奉仕者であることを自覚して勤務に精励邁進してもらうために行われるものです。

⑵　法令遵守義務と職務命令服従義務

　職員は、職務遂行に際し、法令、条例、自治体の規則、自治体の機関の定める規程に従い、かつ、上司の職務上の命令に忠実に従わなければなりません（地公法32条）。このように、職員は、①法令等（一般的ルール）と②上司の職務命令（個別的ルール）に従うことが求められます。

　問題とされるのは、違法な職務命令が下された場合の対処法です。これについては、違法な職務命令にも原則として従う義務があると考えてください（職務命令の適法性が激しく争われた事例として、最判平成24年1月16日判時2147号127頁①事件・百選82）。というのも、違法か否かは法解釈の問題ですので、個々の職員で直ちには判断しづらいからです。職員が軽微な違法性を理由に職務命令に従わないことが続けば、行政の統一性と効率性は著しく損なわれます。事後的に違法行政の責任が問われたとしても、責任は職務命令を発した上司がとるので、安心しましょう。

　ただし、職務命令に重大かつ明白な違法性がある場合（無効の瑕疵を帯びている場合）には、服従義務はありません。ここで何をもって重大かつ明白な違法と考えるかは難しいのですが、みなさんが健全な社会常識で判断して法律に違反する、犯罪であると確信するのであれば、従わなくてよいということです。賄賂をもらった上司から住民の個人情報を漏えいすることを命じられたようなときは、毅然と断る勇気が必要です。

⑶　信用失墜行為の禁止

　職員は、その職の信用を傷つけ、または職員の職全体の不名誉となるような行為をしてはなりません（地公法33条）。対象行為には、職務遂行に関係したものだけでなく、プライベートでの飲酒運転のような個人的行為も含まれます。これは、公務員は一般国民よりも高度の倫理的な行為規範に従うことが求められるためです。なお、どのような行為が信用失墜行為に当たるのかは、個々の事例で社会通念に照らして判断されます。

(4)　秘密保持義務（守秘義務）

　職員は、職務上知りえた秘密を漏らしてはならず、退職した後でも、この義務を負っています（地公法34条1項）。「秘密」とは、一般的に了知されていない事実であって、それを了知せしめることが一定の利益侵害になると客観的に考えられるもの（実質秘）のことです。この**秘密保持義務**（**守秘義務**）に違反すると、懲戒処分に加えて、**刑事罰**（1年以下の拘禁刑または50万円以下の罰金）が科せられます（地公法60条2号）。ただし、裁判で証人になるような場合には、任命権者の許可を受けて、職務上の秘密に属する事項を発表することが認められています（地公法34条2項）。

＊民間委託と秘密保持義務

　民間委託を推進する際に、最も課題となるのが秘密保持義務です。ただし、民間事業者でも医療従事者などには高度の秘密保持義務が課せられているのであり、公務員が秘密保持について有する資質・能力を殊更に特別視すべきではないと思います。

---

(5)　職務専念義務

　職員は、法律や条例に特別の定めがある場合を除いて、その勤務時間と職務上の注意力のすべてをその職責遂行のために用い、当該自治体がなすべき責を有する職務にのみ従事しなければなりません（地公法35条）。兼職が禁じられるのも、職務に専念させるためです。近頃は住民の視線も厳しいので、職場での談笑など、窓口業務には神経を使うと聞きます。

　法的問題となるのは、第一に、労働基本権との関係です。リボン闘争などは、職務専念義務に違反するもので、許されません（大阪高判昭和51年1月30日判時804号3頁）。第二に、外部団体への職員派遣との関係です。「公益的法人等への一般職の地方公務員の派遣等に関する法律」（平成12年法律第50号）では、商工会議所のような公益法人等への職員派遣では、自治体からの委託業務を遂行するためなど、一定条件の下において、当該自治体から給与を支給することを認めています（同法6条2項。参照、茅ヶ崎市商工会議所事件（最判平成10年4月24日判時1640号115頁））。これに対して、第三セクターなど特定法人への職員派遣は

退職を条件に認められ、自治体からの給与の支給は許されず、派遣終了後の再採用が予定されるにとどまります（同法10条）。この法律が施行される前の事案ですが、倉敷チボリ公園事件（最判平成16年1月15日民集58巻1号156頁・百選67）では、第三セクターへの職員派遣が違法とされています。

(6) 政治的行為の制限

　職員の政治的行為は制限されます。公務員が特定の政治勢力への支持を表明することは、全体の奉仕者（憲法15条）としてふさわしくないからです。職員は、政党その他の政治的団体の結成への関与、政治的団体の役員への就任、政治的団体への勧誘運動をしてはなりません（地公法36条1項）。特定政党、内閣、長を支持（反対）する目的での政治的行為も禁じられます。選挙運動に同じです（同条2項参照。ただし、自身の勤務する自治体の区域内に限る）。何人も職員に対して政治的行為を行うよう求め、そそのかし、あおってはならず、または職員が政治的行為をなす（なさない）ことに対する代償・報復として、任用、職務、給与等について利益・不利益を与えてはなりません（同条3項）。

　国家公務員法違反事件についてですが、最判平成24年12月7日刑集66巻12号1337頁は、「政治的行為」とは、公務員の職務の遂行の政治的中立性を損なうおそれが、観念的なものにとどまらず、現実的に起こりうるものとして実質的に認められるものを指すとしています（なお、国家公務員法違反の場合は刑罰が定められているのに対して、地方公務員法には罰則が置かれていません）。

(7) 争議行為等の禁止

　憲法28条は、「勤労者の団結する権利及び団体交渉その他の団体行動をする権利は、これを保障する」として、労働者に対して団結権、団体交渉権、団体行動権（争議権）を認めています。しかし、公務員の場合、労働三権は法令により大幅に制限されています。

(ア) 団　結　権

　一般職の職員は、原則として職員団体の結成・加入の自由を有しています

（団結権、地公法52条3項）。つまり、労働組合を結成し、それに加入することが認められています。ただし、警察職員と消防職員については、職員団体の結成・加入は禁じられます（同条5項。なお、消防組織法17条に基づく消防職員委員会があります）。

㈠　団体交渉権

　団体交渉権は、一応認められてはいるのですが（地公法55条1項）、団体協約締結権はなく（同条2項）、法的拘束力のない協定を締結することができるにとどまります（同条9項・10項）。自治体職員の勤務関係は、当事者の意思で決めるのではなく、民主的コントロールを受けて法律で定められるべきだからです（民主的正統化の要請）。民間企業で給与を上げるために従業員がオーナー社長にかけ合うのと、公務員が給与を上げるために上司にかけ合うのとでは、理屈が全く異なることは、理解できるでしょう。

㈢　団体行動権（争議権）

　団体行動権（争議権）は認められていません（地公法37条1項）。争議行為の遂行を共謀したり、そそのかしたり、これを企てたりする行為に対しては（争議行為自体に対してではないことに注意してください）、3年以下の拘禁刑または100万円以下の罰金が科されます（地公法61条4号）。

> **＊二重の絞り論**
> 　かつて都教組事件（最大判昭和44年4月2日刑集23巻5号305頁）で、最高裁は、地公法61条4号の罰則は、争議行為自体の違法性が強く、あおり行為も争議行為に通常随伴して行われるものではないものに限って処罰する趣旨であると解釈し（二重の絞り）、その処罰範囲を狭めようとしたのですが、岩手県教組事件（最大判昭和51年5月21日刑集30巻5号1178頁）において、この「二重の絞り」論は破棄されました。

⑻　営利企業等の従事制限（兼職の禁止）

　職員が営利企業を営むこと、営利企業の役員を兼ねること、報酬を得る事業に従事することは許されません（地公法38条）。ただし、任命権者の許可を受ければ別です。許可の基準は、人事委員会が人事委員会規則によって定めること

ができます（同条2項）。兼職が禁止されるのは、①職務専念義務を果たさせるため、②職務の中立・公正を確保するため、③職員の品位を保持するためです。ここで「報酬」とは、給料や手当といった名称に関係なく、労務・労働の対価として支給されるもののことです。なお、パートタイムの会計年度任用職員については兼職が認められます。

４ 自治体職員の責任

(1) 民 事 責 任

公権力の行使に当たる公務員が職務を行うに際して故意・過失で住民に損害を負わせたときは、その所属する自治体が損害賠償責任を負います（国家賠償法1条1項）。「公権力の行使」とは、強制的な事実行為や許認可などの法律行為（行政行為）を指すのですが、行政指導や学校活動（授業・部活動中の事故やいじめ自殺）も含まれます。

担当の職員個人は、被害住民との関係で直接には損害賠償責任を負わず（最判昭和30年4月19日民集9巻5号534頁・行政百選Ⅱ228）、自治体が代わりに賠償を支払います。職員が困難な政策判断を迫られた際に、事後的な損害賠償責任の追及をおそれて萎縮したり、果敢な判断を躊躇したりするのを防ぐためです。

しかし、担当の職員に故意・重過失がある場合には、被害住民に損害賠償を支払った自治体から求償がなされます（同法1条2項）。自治体が求償しないでいると、違法な「怠る事実」があるとして、住民訴訟が提起される可能性があります（東京地判平成22年12月22日判時2104号19頁、最判平成29年9月15日判時2366号3頁・百選106）。（→現代的課題109頁）

地方公営企業などの経済活動に従事する職員および公立病院に勤務する医師は、「公権力の行使」を行っていないので、国家賠償法は適用されず、被害者との関係で不法行為に基づく損害賠償責任を負うことになります（民法709条）。

(2) 刑 事 責 任

職員には、秘密保持義務のような地方公務員法上の責任のほか、刑法上の責

任が課せられます。

　職員が、その職務に関し、賄賂の収受、要求、約束をしたときは、収賄罪として5年以下の拘禁刑に処せられます（刑法197条1項）。受託収賄罪（同項後段）、事前収賄罪（同条2項）、第三者供賄罪（同法197条の2）、加重収賄罪（同法197条の3第1項・第2項）、事後収賄罪（同条第3項）、あっせん収賄罪（同法197条の4）といった類型があります。

　職員がその職権を濫用して人に義務のないことを行わせ、または権利の行使を妨害したときは、職権濫用罪として2年以下の拘禁刑に処せられます（刑法193条）。

　職員が、業務上必要な注意を怠り、人を傷害させあるいは死亡させたときは、業務上過失致死傷罪として5年以下の拘禁刑または100万円以下の罰金に処せられます（刑法211条）。これまで、明石砂浜陥没死事件（最決平成21年12月7日刑集63巻11号2641頁）などの例があります（☞187頁）。

⑤　自治体職員の利益保護

　職員には、その労働基本権が制限される代償として、人事委員会や公平委員会に対する**措置要求権**が認められています（地公法46条）。措置要求の対象は、給与・勤務時間・福利厚生・職場環境などすべての勤務条件に及びます。個人的利害にとどまらず、職員全体に関わる事項も対象です。

　措置要求が行われた場合、人事委員会や公平委員会は、口頭審理その他の方法で審査をし、事案を判定します。その結果に基づき、自己の権限に属する事項についてはこれを実行し、それ以外の事項については権限を有する機関に対して、必要な勧告をする義務が課せられます（地公法47条）。

　分限処分や懲戒処分が下された職員は（事前手続として、地公法49条1項）、人事委員会や公平委員会に対して審査請求を申し立てることができます（地公法49条の2）。審査請求が退けられたときは、裁判所に取消訴訟を提起して救済を求めることも認められています。

今後の学習のために

　この本を読み終えたら、ぜひ行政法の学習にチャレンジしてください。地方自治法と行政法は考え方に共通する点が多く、相乗効果が期待できます。

《行政法の入門的な教科書》

・石川敏行ほか『はじめての行政法〔第5版〕』有斐閣（2022）

・板垣勝彦『公務員をめざす人に贈る　行政法教科書〔第2版〕』法律文化社（2023）

・中原茂樹『基本行政法〔第3版〕』日本評論社（2018）

《この本と同じような地方自治法の入門書》

・駒林良則・佐伯彰洋（編著）『地方自治法入門〔第2版〕』成文堂（2021）

・橋本基弘ほか『よくわかる地方自治法』ミネルヴァ書房（2009）

・原田尚彦『新版　地方自治の法としくみ〔改訂版〕』学陽書房（2005）

・高橋明男・佐藤英世（編）『地方自治法の基本』法律文化社（2022）

《地方自治法の本格的な概説書》

・猪野積『地方自治法講義〔第5版〕』第一法規（2020）

・宇賀克也『地方自治法概説〔第10版〕』有斐閣（2023）

・塩野宏『行政法Ⅲ　行政組織法〔第5版〕』有斐閣（2021）

・田村達久『法務に強くなる！レベルアップ地方自治法解説』第一法規（2019）

《自治体法務職員向けの本》

・阿部泰隆『やわらか頭の法戦略　続・政策法学講座』第一法規（2006）

・板垣勝彦『条例づくり教室』ぎょうせい（2023）

・板垣勝彦『地方自治法の現代的課題』第一法規（2019）

・板垣勝彦『行政手続と自治体法務』第一法規（2024）

・松本英昭『新版　逐条地方自治法〔第9次改訂版〕』学陽書房（2017）

事項索引

206

わ行

著者紹介

板垣　勝彦 （いたがき　かつひこ）

横浜国立大学大学院国際社会科学研究院教授

〔略歴〕
昭和56年、福島市生まれ。福島県立福島高等学校、東京大学法学部卒業。東京大学法科大学院修了。東京大学大学院助教、国土交通省住宅局住宅総合整備課主査、山梨学院大学講師、横浜国立大学准教授を経て、令和4年より現職。専攻は行政法、地方自治法、都市・住宅法。博士（法学）。

〔著書〕
『保障行政の法理論』（弘文堂、平成25年）
『住宅市場と行政法―耐震偽装、まちづくり、住宅セーフティネットと法―』（第一法規、平成29年）
『地方自治法の現代的課題』（第一法規、令和元年）
『都市行政の変貌と法』（第一法規、令和5年）
『条例づくり教室―構造の理解を深め、使いこなそう！』（ぎょうせい、令和5年）
『公務員をめざす人に贈る　行政法教科書〔第2版〕』（法律文化社、令和5年）
『入門行政法』（共著、有斐閣、令和5年）
『行政手続と自治体法務―法律、条例、判例をおさえて公正・透明な行政手続を実現する』（第一法規、令和6年）

サービス・インフォメーション

──── 通話無料 ────

①商品に関するご照会・お申込みのご依頼
　　　　　TEL 0120(203)694／FAX 0120(302)640
②ご住所・ご名義等各種変更のご連絡
　　　　　TEL 0120(203)696／FAX 0120(202)974
③請求・お支払いに関するご照会・ご要望
　　　　　TEL 0120(203)695／FAX 0120(202)973

●フリーダイヤル(TEL)の受付時間は、土・日・祝日を除く
　9:00～17:30です。
●FAXは24時間受け付けておりますので、あわせてご利用ください。

自治体職員のための
ようこそ地方自治法 ［第4版］

平成27年12月10日	初版第1刷発行
平成29年2月20日	初版第3刷発行
平成30年2月10日	改訂版第1刷発行
平成31年3月25日	改訂版第3刷発行
令和2年2月10日	第3版第1刷発行
令和5年4月5日	第3版第5刷発行
令和6年4月10日	第4版第1刷発行
令和6年10月20日	第4版第2刷発行

著　者　板　垣　勝　彦
発行者　田　中　英　弥
発行所　第一法規株式会社
　　　　〒107-8560　東京都港区南青山2-11-17
　　　　ホームページ　https://www.daiichihoki.co.jp/

ようこそ自治4　ISBN978-4-474-09512-0　C0032　(5)